おうちで禅

花岡博芳　著
川口澄子　画

春陽堂書店

はじめに

よく生きる人には、リズムがあります。わたくしが修行道場に入門した時の師家《しけ》（道場の指導者）は、糸原圓応《いとはらえんのう》老師でした。老師は講演や書籍を執筆することもなく、役職なども断り続けた地味な禅僧でしたが、平成二十六年五月に八十七歳で逝去されました。

亡くなる二十年前に隠居したあとも、夏は三時、冬は四時に起きる生活をずうっと続けられていたようです。もちろん、妻帯しているわけではない。家族もないから、単調です。単調だから生活にアクセントをつけるのが、じょうずな方でした。ときどき、愛用のお茶碗を別のものにする。あるいは、机の向きを少し動かしてみる。ひんぱんにやったら迷いですが、絶妙の間合いで変える。生活のリズムを、たのしんでいるようにみえました。生き方の名人です。

仏教にも、リズムがあります。釈尊のもとに集まった修行者は、雨季になると遊行托鉢《ゆぎょうたくはつ》をやめて坐禅をし説法を聴きました。雨季といっても、日本の梅雨とはことなり、一日に何度か激しい雨がふると、それ以外の時間は晴れるという。

そんな季節に、あちこちを歩きまわると、芽吹いた草や、土からでてきた虫などを踏みつけてしまう。だから、動かなかった。それが定住の大きな理由でしょうが、一年中、寒暖差のすくない大地ゆえ、ひとところにとどまる時間をつくり、動と静のリズムを暮らしにきざんだともいえないか。この特別な修行期間は、雨安居《うあんご》とよばれます。

禅にも、リズムがあります。大きく変化しながら中国へもたらされた仏教は、雨安居にくわえて、秋から冬にかけての雪安居《せつあんご》を設けました。インドとは異なり、中国には四季があるから、うつろう日々を詩歌にするのは古代中国人の得意とするところ。そんな季節感を、日本の禅もすくいとってそだちます。それは、現代まで続き、日本の禅の僧堂（修行道場）は、今でも雨安居と雪安居で一年間をふたつに区切り、リズムにします。

さて、仏教の総合月刊誌に隔月で連載してきたわたくしの文章を、一冊にまとめてくださるという。連載順に並べるのも、リズムではありますが、それは筆者の調子であって、読者のリズムにはならない。どうしようか。

中国は唐の時代の禅者に、永嘉《ようか》玄覚《げんかく》（六七五〜七一三）がおられます。著書に『証道歌《しょうどうか》』があります。書名を現代のことばにすれば、「さとりのうた」とでもなるでしょうか。「さとる」という深遠な主題を、当時のちょっとくだけた韻律《リズム》にのせたところに、作者の苦心がうかがわれます。容易ではない宗教体験を、日常に引きずりおろしたわけです。よく知られた一節をご

紹介すれば、

行亦禅　坐亦禅（行《ぎょう》もまた禅　坐もまた禅）
語黙動静体安然（語黙動静《どうじょう》　体安然《あんねん》）

現代語訳を、『禅の語録16・信心銘・証道歌・十牛図・坐禅儀』（筑摩書房）から、拝借します。

「歩くのも禅なら、坐るのも禅である。饒舌《しゃべ》ってもだまっていても、動いても止まっても、身体は常にやすらかである」

おしゃべりまで、禅だというのだから、こんなにうれしい教えはない。そのうえ、原文の文字を数えれば、漢字三文字三文字に七文字の三・三・七拍子。そこで、リズムと気分をお借りして、この本の章立てとしました。いわく、

「行く」、「坐る」、「語る」、「黙る」、「悠々と」。

月刊誌への連載時のタイトルが「暮らしに生かす禅ライフのすすめ」ですから、ぴったりではないですか。しかし、「暮らしに禅なんかいらない」。なんていう声が、どこかから聞こえてきます。そうしたお叱りには、こうこたえましょうか。

「仏教や禅は、なくても生きられるかもしれない。でもあった方が、人が人らしく生きられるのではないか」。

人が人らしく生きるためには、必ずしも今の自分を高めたりイノベーションする必要はないと思う。ネタは毎日の暮らしの中にころがっているのだから。おうちで禅。これが、わたくしの、そして、この本のテーマです。では、教えを説くのではなく、語ってみましょうか。聴いてくれますか。

本書は、月刊『大法輪』(大法輪閣刊)に、平成二十六年四月号より令和二年七月号まで、隔月で連載されたものを加筆修整し、新たに書き下ろした文章を加えて編集しました。

もくじ

3章 語る

4章 黙る

5章 悠々と

イラスト 川口澄子
ブックデザイン 山原 望

1章 行く

1 炊飯器よりおいしいナベごはん

禅は「生活の技術」──イサム・ノグチ

現場主義

ある朝でした。朝食の時間に、電気炊飯器のふたを開けました。タイマーを夜のうちにセットしてあるので、フカフカのご飯と対面できるはずです。しかし、前の晩と同じように水のなかで固いまま、しらっとしている。炊飯器がこわれたらしい。

こんな時は、パンにしようと、しなやかに方向転換すればよいのですが、口にできないとなると、どうしても食べたくなってしまうダメな私。制約ができるとかえって欲が強まるらし

い。これを餓鬼というのでしょうか。サラリーマン諸兄ならば、通勤途上でコンビニに立ちよるという選択もあるけれど、寺に住《とどまる》のが職《つとめ》の住職です。その日も、早朝から来客の予定がはいっていました。

マイコン制御の炊飯器でご飯を炊きなおしたのでは、間にあわないし、味噌汁も湯気をたてています。ヒジキの煮物と焼き海苔と梅干しと、すべてが用意万端なのにご飯がない。お米は水にといで一晩おいてあるから、はやく調理しないと、まずくなってしまう。

近ごろ、つくづく思うのですが、ひと粒の米はいくつもの関門を通過して、目の前にたどりついたのですね。刈りとる前に鳥にねらわれても逃げのびて、精米される作業場では、はじきだされないでどうにか袋の中におさまった。としても炊飯の時には水で洗われ、あやうく排水溝へ落ちそうになるけれど、ひろわれてやっと炊きあがる。これで、無事に米の使命遂行かというと、しゃもじにこびりついて生ゴミへ直行の、まことに哀れなひと粒もあります。

そんな関門をくぐりぬけてきたひと粒だから、残さずおいしく食べるのが、お米への敬意《リスペクト》というもの。なのに炊飯器が動かない。いつも同じルーチンをへれば、同様の結果がえられると過信していたから途方にくれます。何ごとも流転して変化する。機械だってこわれるのです。無常です。なんて書いていても、「朝飯ごときで、おおぎょうな」、と笑わないでください。

臨済宗中興の祖と仰がれる白隠禅師《はくいんぜんじ》（一六八五～一七六八）の常套句《じょうとうく》に、「動中《どうちゅう》の工夫《くふう》は静中《じょうちゅう》に勝《まさ》ること百千万億倍」があります。現代語訳してみれば「まいにちの暮しの中の修行の方が、静かな禅堂での坐禅より効果がある」、とでもなりましょうか。

禅は現場主義です。生活のなかで禅の工夫が試されたときでした。だいたいこういう場合は、ひとつの思いに固執して、心が止まっています。心が自由自在であれば、すうっとアイデアがわいてきてものの見方が変わります。かたまった思いを柔らかくするきっかけは、時間の経過であったり、他からのアドバイスであったりします。あの時、ご飯は電気炊飯器で炊くものという筆者のかたくなな思いを溶かしてくれたのは、家人のひと言でした。

「鍋でご飯を炊けば、いいじゃない」

家人は学生時代に、合宿所のキッチンでアルバイトをして、大きな鍋でご飯を炊いていたらしい。恥ずかしながら、そのことばで筆者も禅の修行道場で薪と格闘して、二升三升の麦飯を炊いた日々を思いだしました。鍋と火と水さえあれば、ご飯なんて炊けるじゃないか。

さっそく、厚手の鍋を取りだして、米と同量の水を注ぐ。米粒を入れずに水をふっとうさせてから、米をザブンといれてフタをする。ふたたび煮たったら火を弱めて蒸らすこと十分間。火を消して、もう十分待つとおいしいご飯のできあがり。これを湯炊《ゆだ》きといいます。はじめにお湯をふっとうさせて、そのあとで生米をいれるのが、湯炊きのキーポイントです。

でも、湯炊きは大量のお米やお粥を調理するには都合がよいのですが、二合三合のお米を炊くには適していない。コロナ禍以降、時短料理ではなくて、時長料理なんて言葉が踊る今、普通の家庭で、普通の鍋を使っての炊飯方法が、ネットでたくさん紹介されているから、そちらを検索して！

不均衡と調和

検索といえば仏教経典の大全集『大正《たいしょう》新脩《しんしゅう》大蔵経《だいぞうきょう》』の八十五巻がインターネット上で、テキストデータベースとして公開されています。経典にデジタルの力があたえられて、文字の検索が瞬時にできるようになりました。

たとえば、「食」を検索してみます。『大蔵経』中の３５、６７６カ所に食に関連した記述があるのがわかります。「米」は３、５４５カ所で「粥」は１、４４７カ所。仏教が「食」の周辺に、多くの関心をいだいてきたのはあきらかです。特に禅は典座《てんぞ》（台所の係）を、道場を運営する重役として尊重してきました。なぜなのか。前述した白隠はこういいます。芳澤勝弘訳注『於仁安佐美《おにあざみ》』（禅文化研究所）の現代語訳を拝借します。

「動中の工夫は、一寸修めれば一寸の道力が得られ、それは一生受用できるものです。けれども、静中の工夫は、一丈ほど修めても、ほんのちょっとした俗事に出会っただけで、たちまち消えうせ失われてしまう」

たしかに、数十年前の体験が、ある朝のトラブルを助けてくれたのですから、一生使えます。生涯にわたって役に立つ経験なんていうのは、毎日の暮らしのなかでそうありはしない。

でも、正直に白状すれば、筆者は薪でご飯を炊くのが下手なダメ典座でした。どのくらい下手だったかというと、筆者がご飯を炊きだして少したつと、修行者とは別室で食事をされる老師《ろうし》（道場の指導者）は、お付きの雲水《うんすい》（修行僧）に小鍋で炊飯させて、筆者が炊くご飯を食べてくださらなくなりました。筆者の米はかたいとおっしゃる。どうしておいしく炊けないのか。

まず考えられるのは、水加減です。前述したように米と同量の水をふっとうさせるわけです。いくら愚鈍な筆者だって、注意深く計量すれば水の量をまちがえたりはしません。でも、煮えたぎったお湯ですから、すばやくお米をザブンと鍋に放りこまないでグズグズしていると、蒸発して水の量がへってしまいます。水ものとは言いえて妙。水は常に変化するのです。

つぎにおいしいご飯を炊く条件は、火力です。ガスや電気の炎とは異なり、薪の炎は簡単には調整できません。薪を足したり引いたりして、微妙に加減するわけです。

薪は冬の作務《さむ》で寺の裏山の雑木林を伐採し、斧《おの》で割って何年かねかせてかわかします。長さはそろっていますが、太さはどれひとつ同じものはない。不均衡な材料から、調和した炎をつくるのです。

現代では生の炎をあつかうなんてことは皆無になりつつあるけれど、火を上手におこせる人物は器用です。筆者は不器用のうえに、いろいろな人にアドバイスを求めて、いろいろ試して迷ってしまいました。迷いがなければ覚醒はないから、迷うのはよいのですが、半年間の典座で本当においしいご飯がつくれたのは、数回だったのではないでしょうか。

薪でご飯を炊くなんて経験はもうできないけれど、電気炊飯器がこわれたあの朝からは、過程がみえない炊飯器ではなくて、たとえガスの炎であっても、自らの手で火力を制御してご飯を炊いています。白飯がうまく炊けたら、その先にはパエリアだって思いどおり。お粥も白粥をマスターしたら、茶粥だって中華粥だって自由自在です。自在とは、みずからの在りようを思いのままに制御できること。禅が目指すところも、そこにあるはずです。

2　お釈迦さまは人生相談の達人だった

言《げん》は展事《てんじ》無く、語は投機《とうき》せず――『碧巌録』

暮らしにまぎれ込んだ禅語

何気なく使っている言葉の中で、素性をたどっていくと仏教経典や禅の語録にたどり着くものがいくつもあります。なんて書くと、「仏教は日本の文化に多大な影響を与えてきたすぐれた宗教です」などという、坊さんの手前味噌なお説教の始まりか、と思ってこのページを閉めようとする読者がきっとおられるにちがいありません。しかし、「投機の話ですよ」というと、閉じようとしていた指先に逆の力がはたらいて、続きを読んでくださる読者もいるかもしれません。

でも、『広辞苑』の「投機」の項は、「悟りを開くこと」と説明しているし、『碧巌録《へきがんろく》』という中国宋の時代に編集された禅の語録には次のような一節が収められているから、やはりどうしても仏教と禅のはなしになってしまうのです。

「言《げん》は展事《てんじ》無く、語は投機《とうき》せず」（『碧巌録』第十二則「洞山麻《とうざんま》三斤《さんきん》」）

訳してみれば、「言はもの事を展《つまび》らかにすることはないし、語は時機にぴたりとはまりはしない」といった意味でしょうか。白川静著『字統』（平凡社）は、「言は攻撃的なことばであり、語は防御的な祈りのことば」と教えてくれます。つまり、いくら激しく論じようとも、反対にしずかに祈っても言葉そのものは真理ではない。投機ときくと、マネーゲームを連想して印象のよくない言葉ですが、こんな生いたちがあるのです。

ところで、機を見るのが下手でマネーゲームとは無縁な筆者ですが、毎朝寺には「日経新聞」が配達されてきます。株も投資もやらないのに、経済新聞のどこを読むかというと、朝刊の最終ページに鎮座するコラム、「私の履歴書」へまず目をむけます。

昭和三十一年から連載されている名物記事ですが、六十年以上の歴史のなかで、仏教の僧侶が担当したのは四人だけのようです。まずは、平成四年に天台座主《ざす》の山田恵諦《えたい》師、次ぎに相国寺派管長の有馬頼底《らいてい》師が平成十五年。平成最後の秋には、興福寺貫首多川俊映《しゅんえい》師。その四年前の平成二十六年八月担当が東大寺長老の森本公誠師でした。以前に師の著作『善財童子求道の旅』(朝日新聞社)を手にした学恩から、お名前だけは存じていました。

お盆も終わった八月二十六日は、「華厳経《けごんきょう》をわかりやすく説く」というテーマでした。コラムの中で師は、こうのべています。

「お経を一字一句注釈しながら理解しようとすると、仏教はとてつもなく難しいものになる。一方、経文をただ唱えるだけだと、何か呪術的な力を期待してしまう。釈尊はそんなに難しく伝えようとされたのだろうか。人生をいかに生きるべきかを説かれた人生相談の達人のようなお方だった」

釈尊は「人生相談の達人」という表現は、消化してかみ砕いてはじめて言える森本師の「わが釈尊」です。思いがけないフレーズでした。

こんな人生相談だったらいらない

森本師のおっしゃるように、釈尊の説法は「人生相談」だったとすると、これまでと異なるイメージがわいてきます。そんな視点から仏教をみなおして、筆者が思い浮かべるのは、キサーゴータミの説話です。次のような話です。

ある朝、幼な子を亡くした母親のキサーゴータミが釈尊のもとを訪れます。母親は亡骸《なきがら》を抱えて言いました。

「わたしの子に薬をください」

釈尊はこたえます。

「たやすいことだ。亡き子にケシの実を飲ませなさい。そうすれば、生きかえるであろう。ただし、そのケシの実は、これまで一人も死人を出していない家の実でなくてはならない」

母はさっそく街に出て、一軒一軒をたずね歩きます。

「ケシの実をください。あなたの家はこれまで誰も死んだ人はいませんね」

そんな家などありません。何十軒何百軒と巡って疲れきった母親は日が暮れる頃、釈尊のもとへ帰ります、そして、抱いていた亡骸を釈尊に手渡すのです。

これは筆者バージョンです。先輩がたの法話集などを読むうちにできあがった「わがキサーゴータミ」です。よく知られた逸話なのでいろいろな形で引用されています。

たとえば、平成二十一年に封切られた角川映画『禅』でも、当時の中村勘太郎演ずる道元禅師が、遊女「おりん」を救うシーンに転用されています。そして、児童文学作家の浜田広介（一八九三～一九七三）は、童話『明るいろうそく』に使っています。また、ポール・ケーラス原著、鈴木大拙訳『佛陀の福音』にも「芥子《けし》の種」として、紹介されています。

それでは原典はというと、中村元訳『尼僧の告白（テーリーガーター）』（岩波文庫）の訳注に、この物語を見つけることができます。

さて、現代の新聞各紙にも悩みごと相談のコーナーがあります。もし、幼な子を亡くして悲しみにくれる母親から相談されて、回答者がキサーゴータミの逸話を引用し、「無常の理に目覚めれば、苦しみや悲しみが解決されるでしょう」なんてこたえたら、編集者は採用するでしょうか。おそらく不採用になるでしょう。

筆者は数年前まで、この説話について、話すことも書くこともできませんでした。だって、救いがないではないですか。釈尊ももう少しましな方便がみつからないのか、あまりにむごすぎる。ならば、森本師のいう「釈尊は人生相談の達人」というのは誤りなのか。いや、ちがう。筆者がこの説話の字面《じづら》しか読んでいないから、釈尊のやさしさ、慈悲がわからなかったのです。

読みとれなかったのは、時間の経過です。つまり、キサーゴータミは朝、釈尊のもとを訪れます。そして、日暮れまで街をさまよい、何十軒何百軒と巡り行《ぎょう》をするのです。その間、ともに涙をながしてくれる友人にも会ったでしょう。命の法則を教えてくれる老人もいたでしょう。一日という時間の経過の中で、行をとおして死を受けいれたのです。この説話は人生の無常を説いているのではなく、一歩一歩、歩を進めて巡る行の大切さをしめしているのではないか。そう気づいてから、筆者もこうして文章の題材にも使えるようになりました。人生相談の達人、釈尊の名回答には隠し味が添加されていたのです。

冒頭でご紹介した『碧巌録』のことば「言は展事無く、語は投機せず」は「言葉は真理そのものをあらわすことはできない。言葉の中に盛られている深い内容をさぐれ」という意味です。見方を少しばかり変えて、言葉の行間や背後の存在をみろというのです。これって毎日の暮らしで知らないうちに実践しているはずです。

たとえば、夕方のスーパーで定価の背後に安売りの値札が隠されているのを見ぬくとか。なんて書いたら、人生相談の達人はなんと応じてくれるでしょうか。

3 誇りもプライドも捨てて告白します

行くもまた禅、坐るもまた禅、語黙動静体安然
——永嘉禅師『証道歌』

悟りとは差をとること

恥ずかしながら、正直に白状すれば、金子みすゞ（一九〇三～三〇）の詩がわからなかった。

たとえば、「積もった雪」という詩。

「上の雪さむかろな。つめたい月がさしていて。下の雪重かろな。何百人ものせていて。中の雪さみしかろな。空も地面もみえないで」（童謡集『わたしと小鳥とすずと』JULA出版局）。

上も下もつらいけれど、中はもっと「さみし」だなんて、中間管理職の悲哀じゃーあるまい

し、だいたい金子みすゞというのは暗い、と敬遠していたのです。

遠ざけていて、あまり読んでいないのに、「暗い」なんて断定したら叱られるけれど、東日本大震災の直後、民放テレビがコマーシャルを自粛して、かわりに流れていた、「こだまでしょうか」という金子みすゞの詩の一節が、あの季節を思い出させるのです。

二十六年の生涯でつづった作品が五百余りという詩人は、西條八十に称賛されながらも、生前は名も知られず、没後も長いあいだ忘れられていました。しかし、昭和も終わりに近づいた頃、全集が出版されます。

全集がでても、まだ無名だった一九八五年、東京大学が現代文の入試問題に金子みすゞの詩二編を出題します。冒頭で紹介した「積もった雪」と「大漁」という詩を引用して、次のように問いかけます。

「二つの詩は同じ作者の作品である。二つの詩に共通している作者の見方・感じ方について、各自の感想を160字以上200字以内で記せ」。

筆者は東大なんて縁がないから、解答例を見ようともしませんでした。ところが、最近になって、金子みすゞはこう読めば良いのか、という模範解答をみつけました。

詩人の没後八〇年に、全国各地で「金子みすゞ展」が開かれました。展示会の図録に京都・

清水寺森清範貫主が「積もった雪」をテーマに寄稿されていました。矢崎節夫監修『没後八〇年金子みすゞ』（JULA出版局）に掲載されています。

「上の雪や下の雪は誰しも気づく。しかしその間にある中の雪の存在を、私達は見落としているのではないだろうか。（途中略）金子みすゞの慈愛の眼差しに感動である」

貫主さまのコメントの「慈愛」とは、他人の苦しみを自分の苦しみとして共感することで、観音菩薩のキャッチフレーズです。京都・清水寺のご本尊は観音で、西国観音巡礼の十六番札所でもあります。貫主さまは、ご自分の日常の舞台から、金子みすゞの詩を読んだわけです。

筆者が金子みすゞの詩がわからなかったのは、おのれと詩人との間に段差があるからでした。どなたかが「悟りとは差をとること」と、おっしゃっていました。森清範師のアドバイスが詩との差を取っぱらってくれて、薄幸の詩人がすこしだけ近寄ってきてくれました。

「雨ニモマケズ」のキーワードは？

ほかにも、世の中には、わからないことがいっぱいあります。誇りもプライドも捨てさって告白すれば、宮沢賢治（一八九六～一九三三）がわかりません。仏僧としては、金子みすゞより宮沢賢治がわからない方が深刻です。

どうして深刻かというと、賢治の母イチは、賢治が次のように言ったのを聞いています。

「これらの童話は、ありがたいほとけさんの教えを、いっしょうけんめいに書いたものだんすじゃ。だから、いつかはきっと、みんなで、よろこんで読むようになるんすじゃ」

母親の肉声は、『屋根の上が好きな兄と私・宮沢賢治妹・岩田シゲ回想録』（蒼丘書林）から引用しました。

若き賢治は親鸞の『歎異抄《たんにしょう》』に感激し、曹洞宗の禅寺で坐禅もし、法華経《ほけきょう》の信者となる重層的な宗教遍歴をするのはよく知られています。そうした賢治が、「いっしょうけんめいに書いた」ものを目にしても、筆者には底のあさい理解しかできないのです。「賢治を悟る（差とる）」ところまでいかなくてもよいけれど、自分の守備範囲に引っぱってきたい。

筆者がよりどころとする禅から見た賢治では、真の賢治ではないかもしれない。でも、わたしの賢治があり、あなたの賢治があることで、「みんなで、よろこんで読むようになるんすじゃ」。賢治もそれを望んでいたのではないか。たとえば、あまりに有名な「雨ニモマケズ」には、何が書いてあるのか。

作家、門井慶喜の直木賞受賞作『銀河鉄道の父』（講談社）は、賢治の父親を主人公にした小説です。小説だから、史料や記録にない日常を、作者が想像したフィクションです。物語だからといって、気ままに空想したわけではなく、「根拠のある想像」と直木賞作家は話しています。作家は次のような会話を創作します。結核で衰弱した賢治は、「机に向かえません」と父にいう。小説家は父に、次のように語らせます。

「お前がほんとうの詩人なら、後悔のなかに、宿痾のなかに、あらたな詩のたねを見いだすものだべじゃ。何度でも何度でもペンを取るものだべじゃ。人間は、寝ながらでも前が向ける」

原稿用紙が手にあまるほど弱った賢治は、その後、両手サイズの手帳にカタカナで詩を書きました。『銀河鉄道の父』の作者は、小説のなかで賢治の手帳をひそかにのぞきます。

「カタカナは字形が単純だから少々くずれてもわかる。ちらりと見ただけで、ーマケズーマケズーマケズなどの文句がみとめられた」

作家の根拠ある想像で、「雨ニモマケズ」の姿は見えてきたのですが、シャープな映像にはなりません。鮮やかな映像を見せてくれたのは、鍋島直樹著『雨ニモマケズのこころ』（「在家佛教」二〇一七年一月号）でした。真宗学が専門で龍谷大学の教授をつとめる鍋島氏は、この詩を読みとくキーワードは、「行って」だといいます。

つまり、「東ニ病気ノコドモアレバ／行ッテ看病シテヤリ」など、詩のなかで、「行って」は三度リフレインされます。三度も繰りかえすのは、「賢治は、その場所に行って自分の身をおくことが大事であると考えていた」。そう、教授はのべます。現場主義です。

しかし、「雪ニモ夏ノ暑サにニモマケヌ」とつづった時、すでに賢治にはどこかへ行く元気は残されていませんでした。「行く」は現実とは異なる、ただの願望なのか。

賢治の死の十年前、妹のトシがやはり結核で亡くなっています。十一月の寒い朝でした。死の床でトシはいう。「あめゆじゅとてちてけんじゃ（雨雪をとってきてください）」。それを聞いた賢治は、庭へかけて行き、茶碗に雪を山もりにするのでした。賢治の詩、「永訣の朝」のワンシーンです。金子みすゞは「行かず」に、雪の上と中と下を定点観測する詩人でした。賢治は雪をとりに「行く」人でした。禅に次のようなことばがあるのを思いだします。

「行くもまた禅、坐るもまた禅、語黙動静体安然」。

永嘉禅師の「証道歌」の一節です。静かに坐ることだけが禅ではなく、行動することもまた禅である。黙っているとき、動いているとき、休んでいるとき、すべてが禅である、と。

恥なんか捨てさって、わからないと白状したら、すこしわかってきたふたりの詩人です。

4 極楽より地獄へ行く

彼の岸に到りしのちはまどかにて男女《おとこおみな》のけじめも無けむ――斎藤茂吉

彼の岸に到りしのちは

筆者が住職する寺の境内に、伝道掲示板があります。アルミ製の支柱で高さは大人の背丈ほど、幅は一メートルくらい。そこへ白い洋紙に墨書して経典や詩、小説の名言名句を紹介しています。一か月に一度書き替えます。

ある年の三月に、斎藤茂吉の歌を掲示しました。「彼の岸に到りしのちはまどかにて男女《おとこおみな》のけじめも無けむ」。昭和十五年に発刊された歌集『暁紅《ぎょうこう》』に収められています。その頃歌人は、妻のスキャンダルとみずからの女性問題にゆれていました。茂吉の歌を掲示板に張りだした翌日の午後です。見知らぬ若い女性が、寺の玄関まで訪ねてきてくれました。

「掲示板の歌の意味を教えてください」

反響があるのは、うれしいことです。筆者がこたえました。

「仏教の理想郷には男女の区別もないだろうから、恋なんかしないでおだやかにすごせるのに。そんな意味だから春のお彼岸にはふさわしくないかも」

初対面の女性はいいました。

「恋の歌だったのですか。男は男らしく、女は女らしく生きなさいという差別的な歌かと思いました」

玄関先の彼女は、女性の社会参画を支援するNPO法人で活躍しているという。もしかすると、保守的な寺のことだから、女性の社会進出を阻害する掲示物と勘違いしたのかもしれません。そんな会話をかわした次の日の朝、竹ぼうきをもって庭そうじをしながら、筆者はかつての流行り歌をふと思いだしました。まるで、彼の岸から聞こえてきたように。

「天国よいとこ一度はおいで　酒はうまいしねえちゃんは綺麗だ」

ザ・フォーク・クルセダーズの『帰ってきたヨッパライ』です。北山修と加藤和彦が描いた天国には、良い酒と美しい女性がいます。良い酒があるならば、悪い酒もあるかもしれない。きれいな女性がいるならば、きれいでない女性もいるかもしれない。斎藤茂吉の彼の岸とは異なり、分別《ふんべつ》が残っていて、まだまだ悩ましい俗世間に近いのです。近いからこそ、死んじまったヨッパライは、神様から「ほなら　出てゆけ」と天国を追い出されて生きかえったのでしょう。なんてことを書いて、わかってくれるのは何歳以上の読者でしょうか。なにしろ、1967年にレコード録音された歌を引っぱりだしているのですから。

どこへ行くの

むかしの流行り歌を口ずさんで気づいたことが、もう一つあります。それは、あの歌がうたわれた頃から、天国と浄土のけじめがゆるくなったのではないでしょうか。

どういうことかというと、近頃よくあるのですよ。筆者は仏僧ですから、葬儀の導師をします。すると、「天国から私たちを見守ってください」なんていう弔辞や挨拶を聞くことが。言ってみれば、仏教本線娑婆駅発浄土行きのチケットを渡そうとしているのに、途中からキリスト教の天国行き電車に無賃乗車するようなもの。神とホトケのけじめがゆるくなって、天国にもホトケ様が顔をだすようになってしまった現代日本です。

『帰ってきたヨッパライ』の制作者のひとりである北山修は現在精神科医で、京都の洛星高校出身です。校名に星のつく私立学校はキリスト教に関係があると思ってよいのですが、洛星もカトリック系です。そうした中学・高校時代について、自著で次のように述べています。ちなみに、精神科医の時は「北山修」で、作詞家、ミュージシャン、物書きのときに使うネームは「きたやまおさむ」と、使いわけているようです。引用は、きたやまおさむ著『コブのない駱駝』（岩波書店）からです。

「私が、洛星で過ごしてよかったと思うのは、神という絶対のものの存在に触れることができたことです」

青春時代の触感は、心のどこかにとどまっています。パロディーにしようとしても、にょきっと姿をあらわしてしまう。制作者本人は意図していなくても、フォークギターの旋律にのった神様の声には絶対者の響きがあったのでしょう。だから、『ヨッパライ』が流行った当時の洛星高校の校長が、「この曲は、ミッションスクールで学んだ者だからこそつくれたものだ」とおっしゃったそうです。教育者の言葉に北山修は「その見識にいささか驚かされた」、と書いています。なぜ、反発するのか。

ここからは筆者の想像です。『ヨッパライ』の共同制作者である加藤和彦（一九四七〜二〇〇九）は、龍谷大学経済学部を中退しています。龍谷大学の歴史は、江戸時代初期に西本願寺に設けられた「学寮」にはじまるので、浄土真宗の教えが建学の精神です。

龍谷大学は今では農学部まで開設する総合大学ですから、「洛星では宗教という科目があり六年間もキリスト教に学んだ」北山修ほど濃密な宗教教育は受けていないとしても、キャンパスに浄土真宗の香りは漂っていたはずです。だとすると、『ヨッパライ』の理想郷は天国なのか、西方浄土だったのか。この歌の頃から、天国と浄土のけじめがゆるくなったのではないか。

さて、天国という言葉は仏典には登場しませんが、天や天道、天界は仏教の教えに見つけることができます。ただし、理想郷ではなくて人間界よりはましだけど、いまだ六道（地獄道・餓鬼道・畜生道・修羅道・人間道・天道）をぬけだせない迷いの世界です。「有頂天」なんてことばを思い描けば、わかりやすいでしょうか。ならば、仏教徒が目指す彼の岸はどこなのか。

中国唐代末の禅僧、趙州従諗《じょうしゅうじゅうしん》（七七八〜八九七）は、死んだら極楽浄土ではなくて、地獄へ行くと言って、次のようなへそ曲がりな問答をのこしました。落ちのついた洒脱な応答なので、現代のいろいろな書籍で引用されています。でも、出典が明記されたものは少ない。たぶん、みなさん孫引きしているのですね。もっとも、禅の語録もデジタル化されて、検索がたやすくなったからといって、九百年も前の原典から、漢字の羅列をコピペしても意味がない。そこで、漢文の書き下しは、手に入れやすい沖本克己著『趙州録』（臨川書店）によりました。沖本先生もまた、少しへその曲がった禅学者です。現代語訳はおそれながら筆者です。

崔という名の郎中（＝政府高官）が、問いかけます（崔郎中、問う）。

「和尚さまのような方でも、地獄に入るようなことがあるのでしょうか（大善知識は、還《ま》た地獄に入るや）」。「わしは真っ先に入る（老僧末上に入る）」。

「どうして、そんな立派な方が地獄へ入るのですか（既に是れ大善知識。什麽《なん》としてか地獄に入る）」。

「地獄へ行かなければ、おまえに会えないではないか（老僧もし入らずば、争《いかで》か郎中見《まみゆ》るを得んや）」。

趙州は極楽が「楽」、地獄は「苦」という常識的な見方に異議をとなえているのでしょう。そこで、趙州だったら、きたやまおさむの『ヨッパライ』を、こう歌うかもしれません。

「地獄もよいとこ一度はおいで、友だちいっぱいいるゥーよ」。こんな歌、流行るわけないか。

5『ミラノ霧の風景』と知足

自ら勝つ者は強く、足るを知る者は富む――『老子』

すべては欲しいものばかり

余計なものは求めずに、必要なものだけがあれば、シンプルに生きられる。それは、だれもがいだくあこがれです。でも、シンプルな暮らしを実現するのが、それほど簡単でないのも、だれもが経験しています。

詩人の石垣りんさんに、「すべては欲しいものばかり」と題した詩があります。

「ナンニモイラナイ／なんにもいらない／何にもいらない／三遍となえて／おじぎする／欲ば

りおりんの／朝のお経」

と、はじまる二八行、四一〇字ほどの詩です。没後に出版された詞華集、『レモンとねずみ』（童話屋）に収められています。

「なんにもいらない」と毎朝となえたにもかかわらず、詩人の住まいには、1DKいっぱいに贈られた詩集がつまれていたという。どうしてなのか。

詩人は旅先で、見知らぬ読者から古本屋で買ったという自著にサインをもとめられます。本の扉をあけると「丸山薫様　石垣りん」と自分でかいた名刺がはさまれていました。贈呈した詩集が古本屋の店先に並び、回りまわってもどってきたのです。

その後、りんさんは自分のもとへ贈られてくる詩集は、いっさい処分しないと決めたのでしょうか。結果、詩の山をベッドに夜ごと眠らねばならなかったという。

足ることを知っていて、「なんにもいらない」と強い覚悟をもっていても、シンプルには生きられないのです。

石垣りんは、一九二〇年に東京に生まれます。複雑な家庭にそだち、十四歳で高等小学校を卒業し、日本興業銀行に就職します。三十九歳で第一詩集を出版し、いくつかの文学賞を受賞しながら勤務をつづけ、五五歳で定年退職します。八十四歳で亡くなったのは、二〇〇四年の師走でした。

石垣りんとほとんど同時代を生きたけれど、兵庫県芦屋で誕生し、東京・麻布で十代を過ごし、聖心女子大学を卒業後、翻訳家・エッセイストとして活躍した須賀敦子（一九二九〜九八）の、「なんにもいらない」体験は少し異なります。

女流文学賞を受けた須賀敦子のエッセイ集『ミラノ 霧の風景』（河出文庫）に「チェデルナのミラノ、私のミラノ」という短文があります。そのなかで語られているエピソードです。

昭和三十三年に二十九歳でイタリアへ留学した敦子は、二年後にイタリア人男性と結婚し、ミラノに住みます。ある日、「ミラノの古い家柄の女性たちと、内輪の晩餐の席をともにしたとき」です。彼女らが、新興ブルジョアの生活ぶりを批判します。

「あそこは始終（B）でお買物よ」

（B）というのは大聖堂ちかくのぎらぎらとした貴金属店の名です。長くつづく家柄の女性たちは、そんな店であたらしい貴金属など買わないのです。彼女らには先祖代々伝わったものがそろっているから、買う必要がありません。あたらしいのを買うのは、ものがないからで、恥ずかしいこと。すこし嫌みな奥さまがたの会話だけど、これも「知足《ちそく》」なのでしょうか。

知足

知足といえば、近藤麻理恵著『人生がときめく片づけの魔法』（サンマーク出版）という実用書が、書店に並んでいます。初版は平成十一年ですから、長い期間にわたり売れ続けています。タイトルから推測できるように、整理収納の本です。そんな書籍が世界中で翻訳刊行されて、これまたヒットしているとか。そのなかに次のような一節があります。

「片づけをしたあと、多くの人が物欲が減った、といいます。（途中略）片づけをしてときめくモノだけが残っている状態にすると、必要なモノはそろっている、と思えるようになります」。

それはなぜか。著者は「足ることを知るから」と述べています。この本は整理収納の実用書で、宗教書ではありません。そんな本が、知足だなんて。女性の片づけコンサルタントが書くから驚きがあるのです。

仏僧である筆者が、「物欲を捨てよ」なんて言っても、誰も聞いてはくれない。多くの人が語り、経典に何度も出てくることばだから新鮮さがないのです。鮮度が落ちても、陳列のしかたで輝きがもどってくるから不思議です。

『涅槃経《ねはんきょう》・師子吼菩薩品《ししくぼさつぼん》』には、「少欲にして足るを知る」の言句を見つけることができますし、中国の『老子』にも、「自ら勝つ者は強く、足るを知る者は富む」の一節があるというから、知足はずいぶんと長い歴史をもった言葉です。

また、同様の記述が、スコラ哲学にも見られると中村元著『広説佛教語大辞典』（東京書籍）は教えてくれます。ということは、知足は古今東西を問わず、なかなか実現できない人類永遠普遍のテーマ、なんて言ったら大袈裟な言い方だと笑われるでしょうか。

大袈裟といえば、初期仏教の時代に僧侶が私有を許されたのは袈裟と普段着と肌着の三つの衣服と一枚の食器のみでした。三衣《さんえ》一鉢《いっぱつ》です。必要最低限のものしか持たなかったから、片づける必要もないし、収納もいりません。シンプルの極致です。

でも、温かな地域だったら、これで良いけれど、ご存じのとおりインドで生まれた仏教は海をわたり、山を越え、砂漠をとおっていろいろなルートで中国へもたらされます。中国は広大だから、温暖な地域と極寒の地域がある。三つの衣服で足りるのだろうか。防寒着はどうしたのだろうか、洗濯している時の着替えは?と、疑問がわいてきます。

二〇一四年に八百年遠忌《おんき》を迎えた栄西禅師は、『興禅護国論』で次のように述べています。『興禅護国論』ときくと、「大いなる哉心や」で始まる序が有名で、正直に白状すれば、そこしか目を通したことがなかったのですが、終章近くの「インド中国の最新事情を話そう（第九、大国説話門）」という一章で、禅師はこう書いています。筆者の拙い現代語訳でご紹介します。

「九州博多の通訳から次のような話を聞きました。昔、北宋の都で会ったインド僧は、きまり通りの薄い衣しか身につけず、冬の寒さにも余分な衣を着ず、春がやってきたらインドへもどるといってました。なぜなら、この地に留まれば、仏制を犯してしまうから」

つまり、三衣一鉢という出家者の生活規則を守るには、こんな寒い所に住んでいられない。

「仏教の布教は、誰かほかの人にしてもらって！」

と、言ったかどうかはわからないけれど、教えを広めることよりも戒律にしたがうのを選んで、西天へ帰ってしまったのです。

ここで注目すべきは、インド僧は自分が信じて実践している生活規則を中国の人には要求しなかった点です。異なる国の異なる気候風土に適したたたずまいは尊重するけれど、おのれの道をいきます。という、見ようによっては傲慢な態度だけど、自己の信心を強要すれば不和が生じます。不和が生ずれば調停や和解が必要になってシンプルには生きられない。シンプルに生きるには、強い覚悟が必要だと、現代の詩人やエッセイストと、祖師がたも教えています。

6 あのころ、あの人はラーメンを食べていた

関山《かんざん》に柏樹子《はくじゅし》の話あり、何ぞ他に法語をか求めん――『妙心寺史』より

花は野にあるように

茶の湯の利休居士が、花をいける極意として「花は野にあるように」（利休七ケ条）とおっしゃったそうな。野暮な修飾はするな、ということでしょう。飾らない日常の事実こそが、人を魅惑します。

日常の事実といってもいろいろで、サクセス・ストリーなんかを、成功した本人からながながと聞かされても単なる自慢話だけど、他愛もない失敗談ならば愉快で、しかも説得力があり

ます。たとえば、筆者が駅で列車をまつあいだに座ったベンチの背後から聞こえてきた会話です。はなしの主は八十歳代前半のふたりの男性です。すでに仕事はリタイアして、悠々自適の生活らしい。

「むかしはね、芝（東京都港区芝＝筆者注）にプールがありまして」

「へえー、芝生《しばふ》のプールですか」

「いや、私は芝中《しばちゅう》（芝中学＝筆者注）ではなくて。九段（九段中学＝筆者注）ですが」

「九段といえば、すごいじゃないですか。将棋だったか、囲碁でしたか」

まだまだ聞きたいと思ったけれど、列車がホームに入ってきて会話は寸断されてしまいました。昼下がりに実際にあった、脚色も演出もない現実の会話です。お耳が少し遠くなった悲劇というか、喜劇というか。

意思を通わせるのが難しいのは、老人に限ったことではありません。現代の若者ことばというのが、オジサンにはわずらわしい。「このケーキ、めちゃ、やばい」と言われて、「そんなにまずいのか。もしかしたら食中毒の恐れあり」。なんて思って敬遠したら、今どきのグルメにはなれません。近頃の若者は、「やばい」を「素敵だ、最高だ」という意味で使うのですから。

若者言葉に限らず、言葉で何かを相手に知らせるというのは困難な作業です。「君たちはどう生きるか」なんて大それたテーマではなくて、日常生活で話し言葉や文字によって、頼んで頼まれたことの何割が満足のいく結果にたどりつくでしょうか。「あの時、ああ言ったのに」、「どうして、こうなっちゃうんだ」という失望は、だれもが覚えのある経験です。

なぜ、文字や言葉でものを伝えるのが難しいかというと、冒頭の利休居士の訓《おし》えでいえば、人が思い描く花の色はそれぞれで、花が育った野原も色々だからでしょう。そこで、花の色と野原を共有するために、手間と時間をかけてでも直接会って、語り合う必要がでてきます。

痛烈な臨済禅批判

さて、手間と時間だけでなく命までかけて、何人もの禅僧が海をわたりました。禅が生まれ育った大地を確認するためです。そうしたなかで、今回は道元禅師（一二〇〇〜五三）の周辺をめぐります。道元禅師は、たくさんの名句名言をのこされています。

手もとに奈良康明編著『仏教名言辞典』（東京書籍）があります。空海さま、親鸞さまなど祖師方をはじめ、詩人・作家・武士などの仏教に関する名言をあつめた九百ページにもおよぶ大著です。その辞典でもっとも多く取り上げられているのが道元さまの言葉です。編者の奈良康明師（一九二九〜二〇一七）が、永平寺西堂《せいどう》までつとめた仏教学者だということを考え合わせて、いくぶん差し引いたとしても名言のスペシャリストです。だというのに、我が妙心寺の開山さま、関山慧玄《かんざんえげん》禅師（一二七七〜一三三七）には一冊の語録もなく、「栢樹の答えに賊の動きがある（栢樹子話有賊之機）の一句だけしか残さなかった」というから、話しになりません。話しにならないから、つい名言の宝庫・道元禅師のお言葉を拝借して便利に使ってしまいます。が、道元禅師は晩年に痛烈な臨済禅批判をされた方です。

『正法眼蔵』の「説心説性」の巻では、「臨済禅師の無位真人《むいのしんにん》は、究めつくした境地にいたっていない」とし、「仏経」の巻では、「（臨済禅は）外道天魔《げどうてんま》の流類《るい》」とまで激しい言葉を並べます。

筆者は道元から批判された臨済宗に席をおきます。教団内には、「節操なく道元さんの言葉を引用するでない」とおっしゃるご重役もおられます。おられるけれど、やはり魅力的です。特に、あの有名な逸話は、実際にあっただろう日常の失敗談だから禅がよくわかる。

道元、二四歳。博多から宋の明州へ渡ります。着いた港は寧波です。道元は書類不備で上陸が許されず、船内に留まること三か月。ある日、港から約一九キロほど離れた阿育王山《あいくおうざん》の老いた典座（台所の係）が船を訪れます。典座は翌日に雲衲《うんのう》（修行僧）に供養する麺汁《めんじゅう》の材料を探しているのでした。道元青年はいいます。

「まかない当番なんかして修行になるのですか」。老典座は大笑いしてこたえます。「お若いの、まだ日常の大事さがわからず、書物を読むことだけが勉強だと思っているな！」。道元は自らが恥ずかしくなり、深く感銘をうけて尋ねます。

「何が文字ですか！（如何是文字《いかなるかこれもじ》）、何が生き方ですか！（如何是弁道《ベンドウ》）」

これに対する、老典座の応答が難解です。

「あんたの言うとおりなのだが」

問いかけが、そのまま答になるのは禅の問答では、珍しくないパターンです。が、この一節は典座の聞き間違いが原因だという雑誌の記事を目にしました。

老典座には道元の問いかけが、「なんでも本みたいなものじゃないですか！（都是文字《すべてこれ》）、なんでも生き方なんじゃないですか！（都是弁道）」と、聞こえたのではないか。そう理解したのではあれば、老典座の「もしわしの聞き間違いじゃなけりゃー、あんたの言ったとおりなんだがね（若し問処を蹉過《さが》せざれば、豈《あ》に其の人に非《あら》ざらんや）」という応答の意味がよくわかる、と指摘するのは濱田英作著『典座との対話』（『在家佛教』2015年1月号）です。

老典座は、六一歳。冒頭で紹介した現代日本の高齢者がかわした会話のように、聞き間違えた可能性もあります。そして、道元も基礎的な語学力は得ていたとしても、留学当初から流暢な中国語で会話をかわすことができたかは疑問だという。

疑問といえば、老典座が調理しようとしていた「麺汁」とは何なのか。中国語では、小麦粉で出来たもののすべてを「麺」というらしい。講談社学術文庫の『典座教訓・赴《ふ》粥飯法《しゅくはんぽう》』は「水《すい》団《とん》」と現代語訳しています。諸説あるのですが、確定的なことがわかりません。

そこで、筆者が空想してみます。老典座がつくろうとしていた麺汁はラーメンだった、と。根拠のないでたらめを書いているわけではありません。室町時代初期の日本の禅僧・龍泉令《りゅうせんりょう》淬《ずい》（生年未詳〜一三六四）に「経帯麺」と題した漢詩があるというのです。経帯麺とは小麦粉にかん水（アルカリ性水溶液）をまぜた中華麺のこと。教えてくれたのは、芳澤元著「経帯麺の初見。ラーメンと室町文化」（『禅文化・第二四六号』禅文化研究所）です。

この詩がいつ作られたかは不明ですし、龍泉和尚が没する百四十年も前に道元は留学しています。でも、もしかしたら寧波の老典座は中華麺をつくろうとしていたのではないか、と空想してみたくなります。あの時、道元さんはラーメンを食べていた。こんな木に竹をついだような珍説を聞いたら、「花は野にあるよう」とおしえた利休さんは大笑いするでしょうか。

7　墓女を追っかけてお墓参り

生まれて来る姿は一つだが　死んでゆくかたちはさまざまである

——山田風太郎

歴女《れきじょ》・墓女《はかじょ》

歴女なる言葉が使われるようになったのは、いつの頃からでしょうか。最新刊の『広辞苑（第七版）』にはその項目がありませんから、いまだ不安定なことばなのでしょう。歴史通の女性の台頭とともに生まれたことばですが、単なる歴史好きではなく、「歴史上の人物、特に武将を『萌え』の対象とする女性たち」と説明されても、世事にうとい禅宗坊主に

は、何のことやらわかりません。

しかし、歴女の中には有名人の墓の追っかけが趣味の「墓女」なるグループもあると聞いては、仏僧としてほっておくわけにはいきません。早速、資料を探してみると関連した書籍がずいぶん出版されていますし、「お墓巡りツアー」なんていうのも開催されているらしい。

それにしても、自分の親族の墓参りもままならぬのに、なぜ他人の墓を追いかけるのか。いくら著名人の墓といったって、墓前でお弁当を食べる気分にはならないし、晴天ならばよいけれど、雨の日の墓地なんて気味が悪い。友人の僧侶は若き頃、

「寺の墓地に一緒にはいりませんか」

そうプロポーズして、

「私、青山霊園がいいの」

とふられたというけれど、首都のどまん中で、おしゃれなブティックを背後にひかえた青山霊園だって、墓は墓。著名人の墓が多い分、古い墓もたくさんあって、うら寂しい。なのになぜ墓めぐりが流行るのか。それはやはり、終帰の地である墓に、その人の生き方が投影されるからではないでしょうか。

たとえば、文芸批評家の小林秀雄（一九〇二～八三）は、「生前に鎌倉東慶寺に墓地を求め、

そこに宣長が愛した山桜を一本植えていた」（山田風太郎著『人間臨終図鑑・下巻』徳間書店）。

そして墓石は五輪塔で、「鎌倉時代初期のものと推定される。戦後、関西の骨董屋で秀雄が見つけ、自宅の庭に据えていたものを移し、墓石としたものである」（中川八郎編著『作家の墓・下巻』一穂社）という。

骨董を自分の墓石にしてしまうとは、古美術品の鑑定にも秀でていた故人らしい。しかも、晩年の著作『本居宣長』の「しき嶋のやまとごころを人とはば朝日ににほう山ざくら花」まで植樹するという念の入った工夫がこらされています。

そんな墓所を訪れた人は、学生時代のテストに出題されて苦しめられた難解な文章など忘れ、小林秀雄らしさに満足するのです。墓所からは、その人が如何に生き、遺された人がどう生きているかがわかります。

不立文字の墓巡り

このように、現地に足をはこばなくても、先人が苦労してまとめた資料である程度のことは想像できます。でも、禅は不立文字《ふりゅうもんじ》と教えます。文字に頼らず、現場へ行って、感じてみないとほんとうの姿はわからない。筆者も自分の目で確かめておきたい墓所はいくつかありま す。しかし、どこへでも気軽に行ける墓女とは違って、頭を剃った私が墓巡りをしていて、先方のご住職にでも顔をあわしてしまったら、「墓女の実態調査に来ています」なんて弁明するわけにもいかず、もっともらしい理由を述べなければなりません。それに、墓前でお経のひとつもよんで回向《えこう》しなければ格好が悪い。なんて思うと、つい億劫になってしまうのです。

でも、それではいけない。墓女の心境はどんなであろうかと、取材に出たのです。取材といっては、おこがましい。私が住職する寺の本寺である埼玉県新座市の平林寺へ行かねばならぬ年中行事のついでに、いつもは立ち寄らない墓所まで足をのばしただけのこと。

平林寺は臨済宗妙心寺派の禅寺で、六百年来の歴史があり、知恵伊豆とあがめられた松平信綱公（一五九六〜一六六二）の墓所ものこされています。だからといって、最高級石材の小松石でつくられた殿さまの壮大な墓石群を眺めただけでは野暮というもの。殿さまの墓地へのぼっていく坂道の手前に下卵塔《しもらんとう》とよばれる墓域を散策するのが粋です。

卵塔とは字のごとく、卵の形をした出家者の墓標です。出家者といっても、歴代住職の塔所《たっしょ》は別のところにあって、ここには修行途中で命を落とした雲水（修行者）が葬られています。そのあたりは大きな杉の木にかこまれて、日中でも直射日光が当たることが少ない。杉の枯れ葉が舞う地面に、侘《わび》た自然石がたたずみます。高さ四十センチほどの丸みを帯びた石には「耳《じ》庵《あん》」と刻まれています。実業家・松永安左エ門の墓所です。

安左エ門は戦後の電力体制を作って、「電力の鬼」と呼ばれます。福島原発事故以後ふたたび注目されテレビドラマの主人公にもなりました。国家統制の電力事業を民間の仕事にした張本人は、茶人でもありました。茶人といっても、流派とは無縁の「耳庵」流。耳庵は安左エ門の雅号ですが、もともとは茶室の呼称だったとか。そんな大実業家でもある大茶人は、昭和四十六年に九十七歳でなくなります。遺書にはこうあるといいます。

「死後一切の葬儀、法要はうずくの出るほど嫌いに是れあり。墓碑一切、法要一切が不要。線香類も嫌い。死んで勲章位階これはヘドが出るほど嫌いに候」。

しかし、「松壽院耳庵一州居士」という戒名も授けられています。あるいは、禅の語録や仏教経典の一節を揮毫《きごう》した豪放洒脱な墨跡なども残っていますから、仏教嫌いというわけではなさそうです。遺言の字面だけを信ずると、等身大の人物像は描けません。

そして、「墓碑一切、法要一切が不要」とはいっても、先述したように墓所にはおのれの筆で「耳庵」と書いた文字を刻んだ碑が建っていますし、それに加えて先立たれた一子夫人とおそろいの墓碑ものこされています。これは伝記などで写真が紹介されていますから、現地へ行かなくてもわかる。でも、文字やトリミングされた写真だけに頼っていたのでは、わからないことがありました。

その墓所は竹の垣根で囲まれているのです。垣根は真新しい青竹ではないけれど、シュロ縄は黒ぐろとしていて、植木職人の手が入ってからまだ日が浅いのが想像できます。朽ちることのない塩化ビニールで擬装された垣根ではありません。竹を伐ってさいて縄で結んだほんまものの垣根です。耐用年数は十年といったところでしょうか。

利休居士のおしえに、「降らずとも笠の用意」があります。くずれて見苦しくなる前に、お出入りの植木職が作り直す。利休の戒めを実践しているわけです。しかも、それを四十年以上も繰り返している。風流な垣根は、「線香嫌い」とはにかんだ言葉を遺した安左エ門翁へのふさわしい回向です。

やはり、文字や写真やネットから都合のよい情報や知識だけを得るというのは危うい。事実や真実は、実際に現場へ行ってみないとわからないように隠されているのですから。

それゆえ、今日もどこかの旧跡を訪れる歴女や、だれかの墓の前にたたずむ墓女がいます。そんな彼女らもまた、不立文字の実践者かもしれません。

8『マチネの終わりに』と聖書と法華経

長者の家の子となりて、貧里に迷うに異ならず――『白隠禅師坐禅和讃』

読み過ごしてしまう四文字

本屋へ行って、しゃれたタイトルとすてきな装丁にひかれ手にとったのは、平野啓一郎の小説『マチネの終わりに』（毎日新聞出版）でした。二〇一五年三月から翌年一月まで毎日新聞朝刊に連載されました。筆者は、連載の終了後にまとめられた新刊書を購入したのです。

マチネ（matinee）を英和辞典は、「演劇・音楽会などで昼間の興業」と説明します。おしゃれな響きのタイトルを裏切ることなく、クラシック・ギタリストの蒔野と、外国通信社に勤める洋子の恋愛物語は、東京、パリ、ニューヨーク、長崎を舞台にします。

物語がはじまったとき、蒔野は三八歳、二歳年上の洋子は日本人の母親と、ユーゴスラヴィア人で映画監督の父をもちますが、一九七〇年代の東欧危機から洋子をまもるため両親は離婚していました。

夢中になり数日で読み切りましたが、一か所だけ付箋がはってあるページがあります。洋子が蒔野から別れを告げられ、パリへもどってきた場面です。空港には、数ヶ月前に婚約を破棄したアメリカ人の経済学者がまっていました。その情景を、作家は次のように描写します。元婚約者は、「まるで、放蕩息子の帰還を喜ぶ父親のように、洋子を出迎えたのだった」。

気楽に読める新聞連載の恋愛小説だから当然ですが、新刊書にまとめられても、【注釈】などは添えられていません。しかし、何年かのちに作家の著作集が編集されてこの物語が収められたならば、もしかして「放蕩息子」の四字には次のように注記されるかもしれません。「新約聖書『ルカによる福音書』一五章一一節の寓話」、と。

カトリックとプロテスタントの両方で訳した『聖書・新共同訳』(日本聖書協会)に、「放蕩息子のたとえ」と題した一節があります。あらく筋をたどれば、父親と二人の兄弟の話です。弟が、「わたしが頂くことになっている財産の分け前をください」と言って、全部をお金に換えて遠い国に旅立ちます。悪銭身につかず。弟は放蕩の限りをつくし、全部金を使ってしまいます。食べるにも困り、自分のおこないを反省して、もとの家へ帰ってきます。父親は無条件に赦し、歓迎の宴まで催します。それを見ておもしろくないのは兄です。

「弟なんていうのは酒と女で身上をつぶしたんだから、そんな奴はどこかでくたばってしまったらいいいんだ」

しごく当然な不満です。父はこたえます。

「いなくなっていたのに見つかったのだ。祝宴を開いて楽しみ喜ぶのは当たり前ではないか」

まさしく、『マチネの終わりに』の主人公・洋子は、婚約を取り消して日本人ギタリストのもとへ向かったものの、ふたたび前の婚約者に帰るのですから、聖書の寓話そのものです。

しかも、この小説全体が聖書のたとえ話と同じ筋立てをたどります。だから、「放蕩息子」の四文字は恋愛物語全体のキーワードかもしれない。恋の行方を知りたい方は原作を読むか、令和最初の秋には、福山雅治主演で映画にもなったから、そちらを観て!

道元さんも白隠さんもお気に入り

恋愛小説に出てくる聖書の寓話を、ながながと書いてきましたが、語りたいのはここからです。聖書の「放蕩息子のたとえ」のそっくりさんが、仏教経典『法華経信解品《しんげぼん》第四』にあるのです。聖書と仏典の一節が似ているのに、誰が最初に気づいたかは不明ですが、「捨父《しょふ》逃逝《とうぜい》」とよばれるたとえ話で、道元禅師も、『正法眼藏』の「行持上」・「見仏」・「三十七品菩提分法」で使っているお気に入りのことばです。あるいは、わが白隠の『坐禅和讃』にある一節、「長者の家の子となりて、貧里に迷うに異ならず」は、このことばを知らないと読み解けません。

こんな物語です。

若いとき、親の家をとびだした息子が、久しく他の国に住んで困窮します。ある日、父の家の前を落ちぶれた息子が通りかかります。父は呼びとめますが、子は親の顔を忘れています。顔がわからないばかりか、豪壮な家の主人に捕まるのをおそれ逃げだします。その国の有力な大長者になっていた父は、通りすがりの息子のもとへ召使いをやり、下働きとして雇いあげ、屋敷のうちに住まわせます。失ったものを探しだし手の中に確保して、再会へのステップをひとつクリアしましたが、ただちに親子ご対面するかというと、そうはいかない。

父は息子の働きぶりを観察します。息子は、悪いことも、不誠実なことも、何ひとつなさず、傲慢なところもない。息子として合格です。でも、まだ真実は明かされません。父は「おまえは実の子と同じだ」と言うのにとどめます。

再会が完結するのは、長者が自分の死期が近づいたのを察したときでした。親族、国王、大臣などを集めて「これは私の息子です」と宣言します。子は言います。

「わたしはもともと何も求めることも願うこともなかった。なのに自然と宝ものがひとりでに自分のものになった（我は本、心に希求する所あることなし、今此の宝蔵は自然にして至りぬ）」。

ねがう心をやめた時、人は富貴になるのでしょうか。

お気づきでしょうが、聖書の放蕩息子と、法華経の長者窮子《ちょうじゃぐうじ》にはひとつだけ大きなちがいがあります。聖書の父は、帰ってきた息子のすべてを赦し、ただちに受けいれます。法華経の父は、子にふさわしい仕事をあたえて、時間をかけて成長していくのをまちます。この違いを、「一人の父においては感情が物言い、一人の父においては理性が支配していた。二人の父にみられる対照は釈尊とイエスにおける対照でもあった」と、分析するのは、増谷文雄（一九〇二〜八七）著『仏教とキリスト教の比較研究』（筑摩書房）です。二人の父は対照的であり、それは、キリスト教の「愛」と、仏教の「慈悲」の相異であるかもしれないけれど、あら筋ではよく似た話が、なぜ聖書と仏典に収められているのか。

増谷文雄氏より十年ほど後輩の中村元（一九一二〜九九）氏は、著書『現代語訳大乗仏典2・法華経』（東京書籍）で、『法華経』は西暦一世紀から二世紀のあいだに、現在のパキスタンあたりでつくられたと推測します。当時、その地方はローマとの交易で栄えていました。インド人は原価の十倍で、宝石・胡椒・貴金属をうりつけます。いっぽう、『ルカによる福音書』ができたのは西暦八十年頃らしい。編集された場所はローマなのかシリアなのか、明らかではないという。このような背景をしると、次のように空想したくなります。

仏典の「捨父逃逝」と聖書の「放蕩息子のたとえ」は、ほとんど同時期に作られたのではないか。すべての道はローマに通じるし、その当時、ふたつの地域を結んで人と物資はしきりに往来していた。と、すると仏典も聖書も、現実におきた同じモデルを使って、それぞれの物語を創作したのではないか。前掲書で増谷氏ものべています。「題材と構想の類似は、単なる暗合以上のものを感ぜしめる」。

さて、結論です。現代の恋愛小説のキーワードになっている聖書の寓話とよく似た話が法華経にもあり、それが道元禅師や白隠禅師によって引用されて今、筆者にもとどいています。二千年にわたるこの大きな舞台《マチネ》はなんなのだろうか。凄い。と、思うのです。

2章 坐る

1 ただ坐れというけれど坐れば何がわかるのか

こうして　草にすわれば　それがわかる――八木重吉

ことばの応酬

昭和の禅の名僧方に、こんな質問をしたとします。

「禅ってなんですか」

老師という名で尊ばれる名僧は、シンプルにこう答えたでしょうか。

「まぁー、坐れ。坐らなければわからない」

格別の方がおっしゃるのですから、まったくそのとおりなのでしょうが、会話が続きません。ならば、令和の名僧方に同じ質問をしたら何と応じてくれるでしょうか。たとえば、こんな言葉が返ってくるかもしれません。

「それは、祖師方を追体験することです」

だいぶわかりやすくなってきました。が、坐らなければ追体験できないのは同じです。禅の坊さんがいくら「坐れ」と言ってもあまり納得してくれないのが現代です。

けれども詩人のこんな言葉には、心が動くのではないでしょうか。二三歳の時に七つ年下の女学生に熱烈なラブレターを何通も書いて結ばれた詩人、八木重吉（一八九八〜一九二七）は次のように言葉をつむぎました。

わたしの　まちがいだった
わたしのまちがいだった
こうして　草にすわれば　それがわかる

『八木重吉全詩集1』（ちくま文庫）

「草にすわれば」は、草の上に足を投げ出したのかもしれません。でも、詩人の「すわる」も禅の「坐る」も、今を見つめるのがテーマだから、根っこは同じではないか。この詩を書いた八木重吉は、肺結核のため二九歳で世を去ります。「草にすわる」と題したこの詩は、生前に出版された唯一の詩集『秋の瞳』に収められています。生前に一冊の詩集しか世に問うことができなかったのに死後、全集まで編集されたのは妻・登美子の存在があります（登美子は「とみ」「とみ子」「富子」などの呼称があり、最晩年の自著に従いました）。

重吉の死から十年後、女学校二年だった娘の桃子が父と同じ結核で死去、その三年後には息子の陽二もやはり結核で亡くなります。登美子に遺されたのは、重吉の詩稿だけでした。

登美子は膨大な原稿を柳のバスケットに入れて戦争の混乱からまもります。戦後、歌人・吉野秀雄と再婚。吉野が重吉の詩集を出版するのに力を尽くしたのです。こうした因縁がなければ、明治末期から昭和初期に生きた無名な詩人の遺稿を今、読むことはできません。「因縁」なんていう仏教語を使うと、敬虔な無教会派のクリスチャンであった重吉は顔をしかめるかも。さて、冒頭に掲げた詩に、読者は二つの疑問をもつのではないでしょうか。ひとつは「まちがい」とは何なのか。わずか三行の詩で、二行にもわたって繰りかえされるほど大きな「まちがい」なのか。もう一つは、「草の上にすわるだけで、そんなに重大なことがわかるのか」。「それほどどききめがあるのならば、すわってみようか」という反応です。

こうした疑問にこたえて、ことばを応酬させたのが、やはり詩人の谷川俊太郎です。重吉の死から五十数年後、谷川は「間違い」と題した詩を書きます（『日々の地図』集英社）。重吉の「わたしのまちがいだった」を、詩の冒頭でそのまま三行引用して、次のようにつづります。

「草に座れないから／まわりはコンクリートしかないから／私は自分の間違いを知ることができない」。

全部で十八行ある詩の一部分だけを取りだすのは、エチケット違反だけどこう結びます。

「草に座れぬまま私は死ぬのだ／間違ったまま私は死ぬのだ／間違いを探しあぐねて」。

すわればわかる、という禅僧にも似てシンプルで楽観的な重吉へ向けた、現代の詩人がはなつ皮肉でしょうか。

すわると足の痛いのがわかる

ところで、重吉は「すわる」と表記しました。俊太郎は「座る」です。重吉は、生涯にわたる全作品でひらがな表記を多用するから、それにならったと思えばよいでしょうか。問題は「座る」です。

『日本国語大辞典』（小学館）で「すわる」を引いてみます。「すわる意の表記は正しくは坐で座は書きかえ字」とあります。だから、座禅ではなくて坐禅が正しいのです。では、「座」は何なのか。座は「すわるばしょ」であり、「くらい」であり、「つどい、あつまり」です。現代中国語では、「坐」は動詞で、「座」は名詞だという。

わかりやすく説けば、「歌舞伎座」は歌舞伎をする場所です。仏教用語では、典座という言葉があります。今では僧堂の炊事係のことですが、もともとは雑事を典《つかさど》る役職（座）の意味だったとか。それが、どうして今では「座る」の羽振りがよくて、「坐る」は肩身が狭いのか。

やはり、「座」は常用漢字だけど、「坐」は常用漢字ではないから、報道などでは座禅になってしまうのです。だからと言って、迎合せずに正しく坐禅と突っぱれば良いのですが、インターネットの出現が「坐禅」の表記を許してくれません。

「どこかで、坐禅がしたいな」という方が、ネットで会場を検索するとします。おそらく、ほとんどの人が「座禅」で検索するでしょう。筆者が住職する寺のようにかたくなに「坐禅」と書いていると、ヒットしてくれません。そこで、「座禅（坐禅）」と真実は括弧の中に隠して、世の機嫌をとるような表記になってしまう。

世の機嫌をとるといえば、坐禅をすれば「何かがわかる」というようなことを、いろいろと宣伝していますが一つだけあまり言わずに隠していることがあります。坐ると足が痛いのです。まったくもってシンプルな事実です。と、書いて痛さを具体的に表現しようと思ったら、えーと、どこが痛いんだっけ……。

組んでいた足をといてしまえば、痛さもさぁーと消えて、後はさわやかな気分にひたれるから記憶としては残らないのか。こういう坐禅を、「むし風呂禅」と表した老師さまがおられます。意味はわかるでしょう。うんうんと我慢した後の爽快感だけでは、祖師方を追体験できないというのです。

祖師方に近づけなくても、毎日まいにち坐っていれば、日の出の時刻の変化に気づき、寒さの動きを肌で感じ大いなるものに抱かれているのがわかる。わかるけれど、めちゃくちゃ痛いんです。道場へ入門したての新米修行僧の中には、痛さに耐えられず、高さが床から六十センチはある単《たん》から転げおちる者もいるくらいですから。

でも、みんながみんな痛いかというと、何時間坐ってもあまり痛くない人もおられる。あれは身体のどこがちがうのだろうか。よく、坐禅中の脳波を測定して、坐禅の効用を科学的に調べる研究がありますが、そんな事よりも足の痛くない人と、痛い人の整形医学的研究なんていうのをやってもらいたい。坐って足が痛い禅僧は、そう思うのです。

2 ご対面するか、背を向けるか

まつすぐな道でさみしい――種田山頭火

網代笠

なぜか、中村元著『広説佛教語大辞典』(東京書籍)に、「旅」の項目がありません。ならば、あちこちを遍歴することを仏教では何というのか。「遊行《ゆぎょう》」とか「行脚《あんぎゃ》」といいます。「遊ぶ行だって！千数百年前の坊さんも、遊び人だったのか」、なんて言わないでください。観音経には、「観世音菩薩云く、何ぞ此の娑婆世界に遊ぶ(観世音菩薩云何遊此娑婆世界《かんぜおんぼさつうんがゆししゃばせかい》)」の一節があります。この場合、「遊」には、「いく」とふりがなをつけると経文の意味がわかります。

つまり、「遊行」は「行《ぎょう》へいく」と読むのです。

では、「行脚」はというと、禅宗の書物にしばしば出てくることばです。行脚のテーマは「行雲流水《こううんりゅうすい》」です。「栖雲枕水《せいうんちんすい》」というきれいな言葉もあります。「雲を栖《すみか》として、行く雲、流れる水」のごとき自由な心持ちです。この四字熟語から二字をとった「雲水」という言葉があります。禅の修行僧のことです。雲水が行脚するときに、必ずたずさえるのが網代笠《あじろがさ》です。竹を幅五ミリほどに割って、組みあげた半円球で饅頭型の笠です。直径が五十センチほどの大きな笠ですから、真夏の陽もさえぎってくれるし、雨水だってはじいてくれます。

日よけと防水のはたらきがあるのは、実物や写真をみれば想像できます。でも、実際にかぶって、少し歩いてみないとわからないことがあります。網代笠をかぶると、視界が限られて、見えるのは数メートル先の地面だけになります。もちろん、頭をあげたり、手で笠をもちあげれば、大空だってみえます。しかし、普通の姿勢で歩くと、視界はぐーんと狭まるのです。

名所旧跡などは目にいれず、呼吸を正して一歩一歩前に進むのに集中するのを助けてくれるのが網代笠です。集中とは、ひとところに集まること。ひとところだから、狭くなります。広くては集中できない。というか、広いのが苦痛になるときもある。

登山をする人や、歩いての巡礼遍路の経験者ならば共感していただけるでしょうが、どこまでも見わたせて、平らでまっすぐな道を何時間も歩くのは、つらいのです。種田山頭火（一八八二〜一九四〇）の句集『草木塔』にも「まっすぐな道でさみしい」の句が収められています。山頭火の旅装束は雲水衣《ころも》に草鞋《わらじ》、頭には網代笠をかぶっていたでしょう。道がまっすぐでさびしいから、網代笠を深くかぶり、前方を見ないように地面を見つめて、歩を進めたにちがいありません。

山頭火は山口県に生まれ、まがりくねった人生を過ごし、四十四歳で熊本市曹洞宗報恩寺で出家《しゅっけ》得度《とくど》します。山頭火と聞くと、漂泊と句作だけを連想してしまいますが、曹洞宗の雲水ですから、坐禅もしたでしょう。坐禅をする時、山頭火は壁に向かって坐ったはずです。面壁《めんぺき》は視界を狭ばめて一点に集中する瞑想法で、網代笠の効用と同じです。

しかし、山頭火が臨済宗の寺で出家得度していたならば、壁を背に坐禅したでしょう。現在の臨済宗は、真っ正面を向いておたがいに対面して坐るのですから。

対面するか、背を向けるか

日本の曹洞宗と臨済宗は、禅宗と呼ばれる一派で、ともに故郷は中国です。筆者の知人で僧侶のK師は、「曹洞宗は恥ずかしがりやで、真っ正面をみて坐われないから壁を向いてしまう」と、言っています。K師は曹洞宗の住職です。K師のご冗談にしたがえば、壁を背にし、たがいに向き合ってすわる臨済宗は、つらの皮があつくて恥知らずになってしまう。

もともとは、臨済宗も面壁だったようです。京都・建仁寺の開山である栄西禅師（一一四一～一二一五）が宋の国から伝えたのは面壁坐禅でした。

禅宗史研究者・舘隆志氏の論文、「坐禅の変遷を考える」（平成二九年六月十六日付け・中外日報）によれば、「江戸時代前期までは曹洞宗、臨済宗ともに面壁坐禅をしていたことになる。（途中略）その後、しばらくすると臨済宗も対面坐禅にかわっていくが、これは江戸時代に新たに伝わった黄檗宗の影響を受けてのことであった」、と。

江戸時代に渡来した黄檗宗の代表的な禅僧は、隠元《いんげん》禅師（一五九二～一六七三）です。王朝が明から清へ移っていく混乱の中国から、長崎へ渡航した隠元禅師の人気は高く、僧俗数千人が集まったという。明朝僧はそれまでと異なり、面壁ではなく対面して坐っていたのです。それを見た我が国の禅僧のなかで反対する学僧もおられたし、江戸時代も元禄の治世に生まれ、日本臨済禅中興の祖と仰がれる白隠禅師（一六八六～一七六八）は、面壁で坐った。

それがだんだんと臨済宗では、対面で坐るように変化していきます。新しいやり方が良さそうならば、これまで数百年続けてきた作法もちがうものに変えてしまう。臨機応変というか、節操がないともいえるけれど、斬新な制度を柔軟に受け入れた三百年前の先輩がたにびっくりします。

コロナ禍でオンライン坐禅会もひらかれているけれど、自宅で坐る場合は日常生活が視界に入らない面壁の方が良いように思うけれど、対面でなければ成立しないエピソードを紹介します。昭和の名僧・山田無文《むもん》老師（一九〇〇〜八八）の青春時代です。

無文老師は愛知県に生まれます。父親の希望にしたがって上京し、弁護士か裁判官になるため早稲田中学へ進学します。しかし、重層な宗教遍歴をへて、旧制高校の入学試験には不合格、あげくに結核で生死をさまよったのち、臨済宗の寺で得度出家。病身が完全に回復するまでの間、京都の臨済宗大学（現花園大学）で禅宗学を学びます。

その当時、臨済宗大学では毎学期、京都府内の円福寺という修行道場へ移動して一週間の坐禅（大接心《おおぜっしん》）をおこなったといいます。ある秋の大接心の様子を、山田無文著『手をあわせる』（春秋社）から引用します。

「わたくしの真向いに坐っておるクラスメートが、じつに坐禅に熟達しておった。わたくしが足が痛くなったとき、ふと彼を見ると、彼はすわったままぴりっともしていない。わたくしが眠くなってふと彼を見ても、彼は動かない。（途中略）わたくしは大いにファイトをわかした。負けてなるものかと坐り込んだ」

「彼」とは、のちに埼玉県にある平林僧堂の師家として、多くの雲水を指導した白水敬山《しろうずけいざん》老師（一八九七〜一九七五）の若き姿でした。敬山老師は九州の博多・聖福寺《しょうふくじ》で得度しています。聖福寺は日本で最初の禅寺、「扶《ふ》桑《そう》最初《さいしょ》禅窟《ぜんくつ》」を名のり、開山は栄西禅師です。先に書きましたが、栄西が伝えたのは面壁の坐禅です。しかし、臨済宗大学の接心は、おたがいに対面して坐りました。

もしかして、若きふたりが姿を見合わずに面壁していたら、無言の中で励ましあうことはなかったでしょう。臨済宗が面壁から対面しての坐禅に変化していった理由は、ここにあるのかもしれません。

でもねー、若き日の敬山老師のようにびりっともしないのが真向かいにいればよいけれど、筆者みたいなのが前でグズグズしていたら、最悪。視野が広くても狭くても、対面しようが背を向けようが、やはり道具《ツール》や制度《システム》ではなくて、人によるのでしょうか。

3 門より入るは家珍にあらず

敲《たた》いても駄目だ。独りで開けて入れ――夏目漱石『門』

禅のエチケット

この頃、よく古本を買います。古本といっても、初版本や限定本などの稀覯本《きこうぼん》を探し求めるコレクターではありません。普通に流通している本を中古で求めたほうが安いという、しみったれた事情からです。気軽にそんなことができるのもインターネットと宅配便のおかげでしょうか。古書店へ行く機会は減りましたが、古本を手にする頻度はふえました。

そうして手に入れた古本の見返しに、「謹呈　著者」と印刷された短冊が、はさまれたままのものがあります。哀れにも、著者名と贈り先の名前が万年筆で自筆された短冊にも出会いました。どれもこれも、読んだ形跡はありません。

こんなありさまを禅では、「門より入るは、是れ家珍《かちん》にあらず（従門入者、不是家珍）」といいます。『碧巌録《へきがんろく》』『無門関《むもんかん》』をはじめ、多くの禅録に出てきます。「外から入ってきたものは家宝にはならず、内から湧きでたものこそが大事」だというのです。なるほど、ほしいとも思わないのに、外から押しつけられた本は読みません。ネットで古書を検索するようになって気づいたのですが、何万円もする専門書が出版されて日も浅いのに、仮想空間の書棚に並んでいます。これなど、贈呈本が横流しされたのでしょうか。

古書で困るのは、書き込みです。「書き込みあり」と承知して購入するのですから、文句は言えませんが興ざめです。「なんで、こんな所に線がひいてあるの」と首をかしげたり、思わず笑ってしまう書き込みにも出会いますが、ミステリーの古書を買った時、謎解きの伏線にご丁寧にマーカーでしるしがついている本がありました。ネタをばらされてしまうと楽しさは半減します。

禅問答にも、問答の内容や見解《けんげ》（解答）を誰かに教えたり、公の文章にしないというネタバレ禁止のエチケットがあります。わかりやすいために禅問答と書きましたが、臨済宗ではこの言葉は使いません。「参禅《さんぜん》」といいます。

「参禅とは、僧が師家《しけ》に謁《えつ》して公案に対する自分の見解を呈することである」という定義は、鈴木大拙（一八七〇～一九六六）著『禅堂生活』（岩波文庫）から引用しました。

昭和十年初版のこの本は、薪割りに掃除、入浴など修行道場の日常の解説が大半をしめ、大拙博士が英文で著したのを日本語に翻訳しなおしたという複雑な生い立ちをもっています。当初は英語圏の読者を想定していたわけで、異国のしかも特殊な生活を語るから、丁寧なさし絵入りです。でも、「参禅」のことは数行しか書かれていない。それが、禅の礼儀であり、「ZEN」という表記で禅を世界に知らしめた大拙居士の矜恃《きょうじ》なのでしょう。

縁は異なもの、泥沼のようなもの

「居士」とは、「在家の仏教修行者」という意味です。「大拙」という名は、鎌倉の円覚寺派管長・釈宗演《しゃくそうえん》老師（一八五九～一九一九）からいただいた居士号で本名は貞太郎です。

宗演老師が管長職をつとめた頃、円覚寺にはさまざまな居士が集まります。多種多様な人が来るから、参禅日記を学術誌に掲載してしまうような礼儀違反もあったようです。『鈴木大拙全集』（岩波書店）に収められている「也風流庵自傳《やふうりゅうあんじでん》」で、次のように語られています。

「（参禅の様子は）話をしても何もならず、かえって当人の進捗を妨げるといふようなこともあるんですね。さういふ点から〈途中略〉だまってをる方がいいといふことになってをる」。

夏目漱石も明治二十七年師走に円覚寺で参禅しています。漱石は二十七歳でした。それから十六年後、漱石はその体験を小説にします。『門』です。小説の一節に「剽軽《ひょうきん》な羅漢のような顔をしている気楽そうな男」という記述があります。この「気楽そうな男」こそ、若き鈴木大拙です。

漱石は『門』で、見解そのものは何も書いていませんが、参禅の風景を微細に描いています。しかし、いくら文豪が筆を尽くしても、体験した者しか光景を脳裡に思いうかべることができないのが参禅です。なぜなら、参禅は他人に聞かれないよう、師家と修行者だけの一対一で密室の中でおこなわれるからです。

ところで、最近手に入れた古本に『居士禅』があります。著者は下川芳太郎（一八八四〜一九三四）といいます。下川氏の生涯は、いくつかの事業を経て弁護士になった五十年でした。あちこちの禅寺を訪ね何人もの師家に参禅しています。現代では無名の居士ですが、丹念に書きつづけた日記を遺しました。

氏の没後、日記が編集され一年忌に五百部限定で非売品として出版されたのが『居士禅』です。この本には、参禅の記録と見解が詳細にのっています。エチケット違反です。ただし、本人に罪はなく没後に白日のもとにさらした家族や知人の責任です。もっとも、昭和十年に発行され、平成の世に古書店から筆者に届けられた一冊は、多くの謹呈本がそうであるように、読まれた形跡がないから罪は浅いかもしれません。

さて、『居士禅』の巻末に「編者の言葉」を書いているのは作家の松岡譲（一八九一～一九六九）です。松岡氏の妻は漱石の長女・筆子です。松岡氏と下川氏の関係は、共通の友人を介してのものでした。共通の友人を前田利鎌《とかま》（一八九八～一九三一）といいます。利鎌氏は坐禅をよくする居士であり、哲学者として東京工業大学教授に就任しますが、三十二歳で夭折します。死後一年して昭和七年に上梓されたのが『宗教的人間』（岩波書店）です。この本の巻末に「編集者の言葉」を書いているのも松岡譲氏です。

『宗教的人間』は今、その主要な部分だけを抜き出して一九九〇年に岩波文庫で出版された前田利鎌著『臨済・荘子』で読むことができます。なぜ、タイトルを変えたのか。筆者の想像ですが、「宗教」では平成の世では売れないからでしょうね。ちなみに、筆者の手もとにある岩波文庫『臨済・荘子』は、ネット経由で購入した古書ですが、見開きに「贈呈」のゴム印が黒々と押されています。

さて、前田利鎌氏は現在の熊本県玉名市の名門の家に生まれます。しかし、父が自由民権の闘士として財産のほとんどを失い、異母姉の卓《つな》の養子として育てられます。前田卓は漱石の小説『草枕』のヒロイン、那美のモデルです。

安住恭子著『草枕の那美と辛亥革命』（白水社）によれば、前田家の系譜には歌人の柳原白蓮も連なります。しかも、この本の最終ページには、筆者が修行した平林寺（埼玉県新座市）の山門の写真が掲載されています。前田利鎌と卓、そして下村芳太郎の墓は平林寺にあったのです。筆者は平林寺で数年を過ごしていますが、門内のことなのに気がつきませんでした。今、その墓所を訪れると墓石のすぐ後ろに、ひと頃は水質が悪化して境内への通水をとめていた野火止《のびどめ》用水が、清流を取りもどして流れています。

人は門の外から入ってくる客人よりも、おのれと何らかの関連がある存在に興味がわきます。筆者にとって、漱石も夭折した昭和の哲学者も遠い存在だと思っていたら、縁は異なもの、泥沼のようなもの。踏み入れば踏み入るたびに近くなり、何かが見つかる近代の禅の群像です。

4 無になってみる

禅とは平気で死ぬことだと思っていたら
平気で生きることであった ――正岡子規

尖《とが》った青春の宗教遍歴

「無垢　無邪気　無心　無防備　笑顔とは無から生まれるものと思えり」

俵万智さんの『風が笑えば』（中央公論新社）に収められている短歌です。全部で百ページほどの歌集で、奥宮誠次氏の写真が添えられています。歌人と写真家とのコラボレーションですが、「写真が先」にあって「気のすむまで写真との時間を過ごし、私は一番気に入った物語を、三十一文字に紡いでいった」と、著者が制作過程をのべています。たとえば、冒頭で紹介した無垢無邪気の歌の相棒はというと、青い目の七歳くらいの男の子と女の子が肩を組んでほほ笑んでいる白黒写真です。歌集のあとがきには、こう記されています。

「こんなに長い時間眺めていられる写真というのは、自分にとっても初めてだと思う」。

徹底的に写真を見つめて、写真とひとつになって出てきた言葉を短歌という形にしたわけです。これって禅の公案と同じではないの。公案とは、もともとは古代中国の公文書を意味したようですが、転じて参禅者に出される課題をいうようになりました。

「無心になれ」って坐禅しても、次から次へといろいろな思いや記憶がわいてくる。いろいろな思いにひたってしばらくたつと、足や腰が痛くなって我慢大会になってしまい禅定《ぜんじょう》どころではなくなってしまう。そうじゃなくてー、過去のすぐれた禅僧の話頭や行動を坐りながら徹底的に感じて、祖師方そのものを追体験する。すると、結果的に無になることができる。というわかったようでわからない方法を臨済宗はとるわけです。それほど、無垢無邪気無心無防備になるのはむずかしいのです。

むずかしいから、ちゃんと手引書があります。はじめの一歩を導いてくれる手引きとして有名なのは、『無門関《むもんかん》』でしょうか。中国・南宋末期（十三世紀）に刊行された禅の話頭集です。

『無門関』のキャッチフレーズは「大道に門無し」。つまり、求める者にはバリアフリーだというのですから、現代人好みの無です。語録の編集者は無門慧《え》開《かい》禅師（一一八三〜一二六〇）。その慧開禅師に直接参じた日本僧がいます。心地坊無《む》本覚心《ほんかくしん》（一二〇七〜九八）です。

覚心は信州に生まれ、十五歳のときに東大寺で律を学び、次に高野山で密教、つづいて栄西禅師門下で臨済禅、加えて京都深草・興聖寺におられた道元禅師のもとにも出入りします。

道元は曹洞禅の立場から晩年には臨済禅批判をします。なのに、臨済・曹洞の両方に顔を出していたのだから、節操がありません。なぜなのか。栄西と道元は留学経験があるので建仁寺と興聖寺は、宋への留学アドバイスの窓口になっていたのではないか。

留学に必要な情報をそこで仕入れて、「日本に我が師はいない」と宋へ渡航したのは覚心四十二歳、宝治三年（一二四九年）だったといいます。かなりとがった青春の宗教遍歴です。宋で慧開禅師に出会った覚心が、禅師のもとで大悟し『無門関』を土産に日本へ帰国したのは、五年後でした。今でいえばアメリカの有名大学へ留学し、修士号を取得して最新の教育メソッドを手に入れて帰ってきたようなもの。だから、覚心が帰国後『無門関』を講じる時は、返り点をつけた漢文訓読法ではなく、留学中に覚えた宋語で、文頭から文末まですぐに語録を読んだのではないだろうか。

これって現代に置きかえれば、あまり知られていない外来語をアルファベットでそのまま書いたり、話したりする嫌みな方がいらっしゃるじゃないですか。あれに近い気どった禅僧だったのではないかなぁー。そんな筆者の空想とは裏腹に、覚心は招かれても都に住むことを拒否し、紀伊（和歌山県）由良の山村に興国寺を開創するという骨太な生涯をすごします。他の臨済禅の多くが都市を中心に発展するから破格です。

言ってみれば、留学経験のあるエリートが過疎地に移住して、起業家を育成する全寮制セミナーハウスを運営するようなもの。ここを水源地にし、抜隊得勝《ばっすいとくしょう》（一三二七〜八七）らの法孫も生まれ、尺八の虚無僧も育ち、興国寺は金山（経山《きんざん》）寺味噌発祥の地ともいわれています。味噌は大豆と麹でつくるから、醸造学が必要です。科学と日常生活と禅を融合させたベンチャー企業の創始者、そんなふうに考えたら、八百年前の人物が身近に感じられませんか。

子規と光太郎と無門関

さて、『無門関』を「禅の学人が目指すべき悟境のメルクマール」と解説し、岩波文庫で訳注したのは西村惠信師です。Merkmal とはなんぞや。『大辞林』で引いてみると、目標や目印といった意味でドイツ語のようです。「日本語でもよいのに、キザな！」と書いたら叱られる。なにしろ、西村師は筆者が花園大学に在学中の卒論の指導教官で、合格点には及ばない論文を、「卒業したら寄り道せずに修行道場に掛搭《かとう》（入門）すること」を条件にパスさせてくれたのですから。

そうして掛搭した道場で最初にあたえられた公案が、『無門関』第一則の「趙州無字《じょうしゅうむじ》」です。修行者が趙州和尚に問いかけます。「犬にも仏性がありますか（狗子《くす》に還《かえ》って仏性ありや）」。趙州は答えます。「無」。

おそらくこの公案は、江戸時代までは僧院内だけのものだったでしょう。しかし、明治時代になり大学に通う学生が注目します。今とは比較ができないほど少人数だった大学生の中で、現代では想像もできないほど多くの学生が宗教に関心をもった時代がありました。

そんな空気のなか、正岡子規は明治三十五年五月五日に、新聞『日本』誌上に『病牀六尺』の連載をはじめます。六月二日付けの記事で子規はつづります。

「禅とは平気で死ぬことだと思っていたら、平気で生きることであった」。そして続けます。

「因《ちな》みに問ふ、狗子に仏性ありや、曰《いわく》、苦。また、問ふ。祖師西来《そしせいらい》の意は奈何《いかん》。曰、苦。また問ふ。曰、苦」（『病牀六尺』岩波文庫）

その頃の子規を、司馬遼太郎は『坂の上の雲（三）』（文春文庫）で、「すでに子規は無邪気になっている」と表現しました。病に徹して、邪気の無い幼子の心になっているわけですから、「趙州無字」が目指す悟境《ごきょう》に近づいていたのです。『病牀六尺』は連載をはじめた年の九月十七日、百二十七回でとぎれます。二日後の十九日、三十四歳で亡くなった子規です。

子規が亡くなって、三年半がすぎた明治三十九年二月。数え年二十四歳の若者が、横浜港から客船に乗ってニューヨークへ留学しました。高村光太郎です。光太郎の旅行カバンには、『無門関』がはいっていました。彫刻家の平櫛田中《ひらぐしでんちゅう》から旅立つ直前に餞別として贈られたものです。以後、三年余りにわたりアメリカ・イギリス・フランスに遊んだ光太郎の座右にあったという。

光太郎といえば、「道程」を思い出します。別項にも書いたように、「僕の前に道はない」ではじまる九行の詩には、『無門関』のキャッチフレーズ「大道無門」が透けて見えます。また、光太郎には「敗闕録《はいけつ》」と題した詩もあります。「敗闕」という見慣れないことばは、『無門関』第二十六則と第二十八則、そして第四十二則に見つけることができます。

子規と光太郎の地下水脈には「無」の問答が流れています。地下水脈だから見ることはできません。見えないから見てみたいと、わたしたちは「無」のつくことばに憧れるのでしょうか。

5 暗証番号と教団の定期点検

禅はただ坐禅をするだけで、教学を軽ろんじて暗証と謗る人がいる――『興禅護国論』

私はわたし

いけないこととは知りながら、思わず立ち止まって、盗み聞きしてしまった会話です。

郵便局の窓口で、八十歳くらいの白髪のおばあさんが、職員と押し問答をしていました。おばあさんは、少しばかりまとまった現金を自分名義の預金口座から出金しようとするのですが、暗証番号を忘れたようです。職員がたずねました。

「ハイ、おばあちゃん。なにか、ご自分を証明するものを見せてください」

「自分を証明するといっても、私はわたしだよ」

「そうじゃなくて、運転免許証とか保険証とか」

たまたま居合わせた筆者は、「お年寄りに免許証とはかわいそうに」と哀憐の情をもって推移を見まもっていました。ところが、小僧っ子がいだく哀憐の情なんか、せせら笑うかのように、人生の大先輩はまがった腰をまっすぐにのばしてまくしたてました。

「私はもう何十年も、わたしをやっているんだ。その私がわたしだというんだから、ナントカ証とかの紙きれ一枚より、こんな確かなものはないよ」

本人確認という今どきは誰もが経験する場面で、あっぱれな台詞です。芝居ならば、大向こうから掛け声がかかるところですが、日常生活ではそうはいきません。おばあさんは何らかの書類を用意して、出直すことになったようです。

一枚の紙きれや秘密の数字によっておのれを明らかにしなければならない今、毎日のように使う暗証番号ですが、暗証という言葉はもともとは禅に関係の深い言葉でした。ただし、あまり愉快な使われ方ではないのですが。

栄西禅師（一一四一〜一二一五）の『興禅護国論』に、次の一節をみつけることができます。

「この宗すでに不立文字と言ふ。これ殆んど悪取空《あくしゅくう》。ならびに暗証の類《たぐい》に同じ。（途中略）暗

証の禅師、誦文《じゅもん》の法師の知るところにあらず（日本思想大系『中世禅家の思想』岩波書店）

おそれながら、拙訳を。「禅の不立文字という言葉にとらわれて、盲目的に坐禅ばかりするのもよくないし、おしえの学問にかたよるのも誤り」。

兼好法師（一二八三？～一三五二？）の『徒然草』第百九十三段にも似た一節があります。

「文字の法師、暗証の禅師、互ひに測りて、己れに若《し》かずと思へる、共に当らず」。

つまり、「修行を忘れている法師も、反対に坐るだけで教理にくらい禅師も、おたがいにあちらのほうが劣っているなんて思うのは、同じくまっ当ではない」。

おふたりとも同じようなことを、言っているけれど、兼好は栄西の文を目にしていたのか。いや、前掲した『中世禅家の思想』の校注者・柳田聖山氏によれば、『興禅護国論』がはじめて書物として刊行されたのは寛文六年（一六六六）であり、「栄西がこの本を撰したという建久九年（一一九八）より四七〇年、その間の流伝はまったく不明である」、と。

よく似た物言いをされているけれど、兼好は栄西の文を知らなかったかも。だとすると、暗証の原意は天台智顗《てんだいちぎ》大師（五三八～九七）の『摩訶止観《まかしかん》』などに出てくる言葉のようだから、それを読んでいたのか。世をすねて、「心に浮かんで来るどーでもいいことをタラタラと書きつけて」いた兼好法師も、すげぇー勉強していたんだなぁー。

修行僧の本人確認は？

さて、多くの人が一日に数回は暗証番号を使い、何回かに一度は「パスワードが間違っています」とシステムからはねつけられて、イライラさせられる日常です。

現代のような冷たい時代ではなくて、もう少しぬくもりのある時代。具体的にいえば、昭和三十年代前半まで、臨済宗の修行僧が臨済宗の修行僧であることを明らかにする本人確認のひとつは、『臨済録』の序の暗誦でした。『臨済録』は中国唐末の禅僧臨済義玄《ぎげん》（?〜八六六）の言行録です。序ですから、本論の総括です。こんなふうな書き出しです。

「黄檗山頭《おうばくさんとう》に曾て痛棒《つうぼう》に遭い、大愚の肋下《ろっか》に方《まさ》に築拳《ちくけん》を解《げ》す」。

全部で二百四十字あまりの序章です。これをどういう場面で使ったかというと、たとえば修行僧が行脚の途中に一晩の宿を寺にお願いした時など、素性をためすために、そらんじて読むのを求められたといいます。この場合は立ったままではなく、玄関の上がりかまちにぬかずいて、平身低頭した姿勢で暗唱します。行脚という行の途上で教理を確認されて、暗証の僧でないと証明したのです。

時あたかも、平成二十八年は臨済禅師の一千百五十年遠忌《おんき》にあたりました。中村元著『広説佛教語大辞典』（東京書籍）で遠忌の項をしらべれば、「五十回忌・百回忌などの遠い年忌をいい、一宗の開祖や中興の祖。その他、寺の開基などのために行われる」と、あります。言いかえれば、教団が立ち止まって、これまでと、これからを点検する期間です。

今回も数年前から、いろいろな催し物や出版が企画されました。そうした行事の中で、公式ではないけれど、おもしろい論争が再発しました。『臨済録』をはじめとして、祖師方の著作の読み方の問題です。簡単にまとめれば、こういうことです。

禅の書物の語学研究が進んで、「禅録特有の口語的な語法も、正確に読めるようになった」という学者グループがいます。だから、「これまでのお坊さんがたが読んできた語録の読み方は間違っている」と指摘するわけです。

それに対してお坊さんがたは、「そう言われればそうかも」と、深く考えないで降参してしまう人もいるし、従来からの読み方を守る人もいる。

すると、異なる学者さんグループが別の雄叫《おたけ》びをあげます。「現代の解釈のみが正しいのであれば、一千年の間、中国も日本の禅僧もほんとうの意味がわからなかったのか。いやそんなことはない」と反論します。

たとえば、よく知られた「喫茶去《きっさこ》」という禅語は、「宗門の伝統では、まあお茶を召しあがれ（柴山全慶『禅林句集』）の意で読まれてきた。〈途中略〉しかし、最近ではこの解釈は否定され、入矢義高監修『禅語辞典』（思文閣出版）によれば、茶を飲んでこい。茶を飲んでから出直してこいという意と解釈され」るようになったというのです。

筆勢の鋭い文章は能仁晃道著「清規《しんぎ》から見た喫茶去」（『禅文化』一六七号、一九九八年一月）からの引用です。掲載された季刊誌の発行年からもわかるように、こうした論争は今にはじまったわけではなくて、筆者の知る限りでも、ずいぶんと前から続いています。

浅学の徒には、ことの正否は判断できないけれど、大事なのはそんな論争があるという事実を知っておくことです。でも、『興禅護国論』や『徒然草』がいう「暗証の禅師」の子孫たちは意外と知らない。

知っておくためには、どうすれば良いか。感度がするどいアンテナをあちらこちらに張りめぐらしておくのが必要です。そして、たまには立ち止まって自分のアンテナを点検してみなければ。点検の結果、筆者のアンテナはアナログでだいぶ錆びついていました。

6 とんち小僧を追体験する

禅とは、祖師方を追体験することです

祖師と同じ体験をする

つまるところ、なぜ坐禅をするかというと、「祖師方と同じ心もちになるためです」。そう、おっしゃった現代の名僧がおられます。同じ体験ができれば、同じ心もちになるわけですから、こんなすごいことはない。でもねー、中国は唐の時代に、坐禅をしていて眠くなると、自分の膝にキリをあて眠気を追いはらったという、慈明《じみょう》禅師（九八七〜一〇四〇）の逸話を知って、自身で追体験するかというと、痛いのはまっぴらご免ですから、遠慮させていただきます。

あるいは、わが国の盤珪《ばんけい》禅師（一六二一〜九三）は、十二歳の時に読んだ『大学』にある、「明徳」の二文字のほんとうの意味をきわめたくて、命がけで坐禅をしたという。筆者には、そんな探究心などありはしないから、同じ経験など望むべくもない。

だが、しかし。こころざしはなくても、意外なところに祖師方の体験を追っかけるチャンスがあるから、あきらめるのはちと早い。

数日前から冷蔵庫にある、ひとつのガラスビンが気になっていました。中には、うす茶色の液体が、はいっています。空きビンを転用した透明の容器で、ラベルなどはってない。だから、何なのかわからない。新しいものなのか、古いのかもわからない。もしかしたら、数ヶ月前のお正月の黒豆の残りかもしれない。

記憶をたどれば、黒豆は食べ終わって、甘い煮汁をすてるのはもったいないと、自分で空きビンに移したおぼえがあります。こがね色をした金属のフタをあけてみます。鼻をちかづけると、すっぱい匂いがただよう。筆者はよくやるのです。食品の容器をおきかえて、結局なんだかわからなくなってしまう、というのが。家人にとっては迷惑なおこないで、たびたび非難されますが、またか。

なめてみれば良かったのですが、くさっていたら身体に毒。捨てるしかないと思いこんで、流しの排水溝にビンをむけます。どくどくと流れる液体は、容器のなかでは、濁っているように見えたのですが、まっすぐに落ちていくひとすじは、琥珀色をしています。魅惑する色を見て、気がつきました。家人が、いく日か前に友だちからいただいた、カナダ土産のメープル・シロップを缶詰からガラスビンに移しかえていたのを。

排水管に消えた液体は、くさった煮汁ではなくて、数千キロを旅してきた楓の高価な樹液だったのです。家人に、なんと言いわけしようか。その時、思いだしました。あの方は、こんな時に、死んでおわびをしようとしたのだった、と。

毒の水飴をたどっていくと

冷蔵庫のメープル・シロップを捨ててしまって、筆者が身をもって体験したのは、一休禅師（一三九四～一四八一）の「毒の水飴」です。現代のアニメにもなるくらい有名な一篇だけど、一休と甘味と毒をリンクさせた最初は、『一休諸国物語』だと思われます。この書物は、寛文十二年（一六七二）に出版されていて、禅師滅後百九十年も経過しています。生前から高徳、奇僧の評判がたっていた一休ですが、滅後かなり時間がすぎた江戸時代に、行状をしたう書籍がくりかえし世にでるのは不思議です。

理由を、茶の湯との関係でとらえるのは、国文学者の岡雅彦氏です。岡氏は、室町末から江戸時代初期の有名茶人がひらいた茶会の記録、茶会記を調べて、自著『一休ばなし―とんち小僧の来歴』（平凡社）で、次のようにのべています。

「茶道が、武家、町人社会、その他上流階級に広がって、大徳寺派の墨跡がそこらじゅうでもてはやされるようになりました。そのときに昔から奇行で知られていた一休がある意味で注目されて、総合的に一休のブームが巻き起こってきたのではないでしょうか」

一休には侘《わ》び茶の祖といわれる村田珠光（一四二三〜一五〇二）が参禅していますし、一休自身、応仁の乱で大徳寺が焼失した際には、断り続けた住持を引き受けています。時代がくだっても、武野紹鴎（一五〇二〜一五五五）や千利休（一五二二〜一五九一）など、茶人との縁がいっそう深くなる大徳寺ですから、一休の墨跡が茶室で珍重されるのは必然でしょう。

墨跡が流行し、時を同じくして、印刷技術が発達し、すぐれた読みものが手にはいるようになり、一休ブームが起きた。と、いうのが一休とんち話の風景でしょうか。

さて、「毒の水飴」です。筆者は恥ずかしながら、アニメや絵本では知っていても、原典を目にしたことがなかった。そこで、三瓶達司編『一休ばなし集成』（禅文化研究所）に収められている『一休諸国物語』、をひらいてみます。作者不詳のこの物語に、「一休、若年の時、師匠の粘壺《あめつぼ》を、わり給う事」と題した五百字ほどの小話があります。江戸時代の平易な俗語といっても現代では読みにくい。こんな具合です。

「大事の粘壺を打ち割りたるなり。さだめて、御尋ねのときは、何と申すべきやと思い、命生きてもよしなし、子どもが食えば死ぬると仰せられ候ほどに、一杯、食べ候えども死なれず。二三杯、食べつれども死なれ候わず」

おそらく、実話ではないでしょう。ならば、作者が一から創作したかというと、ちがうらしい。よく似たストーリーが狂言にあるのです。「附子《ぶす》」という演目で、次の様なあらすじです。

「主人が砂糖を附子という大毒だと偽り外出する。留守中に砂糖を食い尽くした太郎冠者・次郎冠者は、主人秘蔵の品をこわしたので附子を食べたが死ねなかったと言いわけする」。

この狂言が、毒の水飴の源泉か。でも、『沙石集』にも「児《ちご》ノ飴《あめ》クヒタル事」と題した、八百字ほどの説話がおさめられています。これは、「山寺ノ坊主」と「小児《こちご》」の話ですから、一休とんち話により近い。ならば、原話は無住一円（一二二六〜一三一二）の『沙石集』かというと、作者自身が序文で、「金《こがね》ヲ　求《もとむ》ル者ハ、沙《いさご》ヲ　集《あつめ》テ是レヲ取リ、玉ヲ　翫《もてあそ》ブ類《たぐひ》ハ、石ヲヒロイテ是レヲ磨ク」とのべているように、手近な砂や石をみがいて、仏の教えにしたわけですから、話を収集して編集したのであって、創作したものではない。とすると、どこから集めたのか。問題意識をもっていると、ヒントが自然と近づいてきてくれるから不思議です。

ある雑誌に、某大学のI教授が、水飴と毒の原話は、「七世紀前半から半ば頃にかけて中国でまとめられた『啓顔録』という笑話集に出ています」。と、書いているのを目にしました。さすが、学者さんは知的生産のプロです。

さっそく、松枝茂夫編訳『中国古典文学大系59・歴代笑話選』(平凡社)を手に入れました。和尚が大事に隠したのは、団子と蜜になっていますが、話の筋は一休とんち話にそっくり。しかし、『中国古典文学大系』の解説によれば、『啓顔録』の原本は十世紀までに散逸してしまい、一休とんち話の原話と思われる一篇は、二十世紀初頭にシルクロードの仏教石窟から発見された敦煌文書のなかから見つかります。だとすると、狂言『附子』や『沙石集』、『一休諸国物語』が書かれた頃、原話とされる話は、中国西域の流沙の洞窟で眠っていたのか。

この難問をとんち小僧だったら、どう解いてくれるでしょうか。一休禅師の実像は難解ですが、禅師があずかりしらないところで作られた虚像も奥が深い。やはり、一休はおもしろい。

7 食器持参で入門

我がこの洗鉢《せんぱつ》の水は天の甘露のごとし。鬼神衆《きじんしゅう》に施し与え悉《ことごと》く飽満を得せしめん――折水偈《せっすいげ》

持参するやさしさ

少しばかり体調をくずして、健康をアドバイスする書籍を買い求めて読んだら、「禅の修行僧のようにシンプルな食事を心がけ、意思堅く節制することです」。そんなフレーズを見つけて、苦笑した経験があります。

「シンプルな食事」といっても、食材がシンプルなのか、食器がシンプルなのか、メニューがシンプルなのかと、シンプルにもいろいろとあります。今回は禅の修行道場のシンプルな食器

について書いてみます。

禅の修行者（雲水）の食器を持鉢《じはつ》といいます。大小五つのお椀が一セットで、重ねればひとつのお椀のようにコンパクトになります。アウトドア用品にもそういう食器があるじゃないですか。あの元祖といえばわかりやすいでしょうか。

持鉢も現代ではベークライト製で黒色のが大半ですが、木製の生地のままや、漆塗りされたものもあります。鉄鉢料理と称して、朱色の器に料理を盛りつける料理屋さんがあるけれど、あれは営業用でほんまものの持鉢は地味な色です。

持鉢は道場の備品ではなくて、雲水各自の私有物です。私物ですから、文庫とよばれる小さい箱に持鉢をくくりつけ首からさげて入門します。経本と同様に、入門するさいの必需品です。食器と箸持参が修行道場にはいる時の要件なんて宗派は、禅宗だけではないでしょうか。

さて、環境保護から割り箸を使うのを良しとしない、マイ箸持参が流行っているけれど、箸は許されても、お椀まで携行すれば普通は拒否されるでしょう。たとえば、牛丼屋のカウンターで持参した丼を差し出して、「ご飯はこれに入れて、並盛り、味噌汁つき」。そんな注文をしても、おそらく受け入れてはくれないでしょう。だからといって、マイ丼を拒絶する飲食店を非難することはできません。衛生管理の問題も抱えているのですから。

筆者の知人で仏僧のS師は、ラーメン屋にマイ丼が置いてあるとの噂ですが、これは檀家と住職という関係が生んだ幸福であって、普通はありえない。普通はありえないけれど、少し前までは何でも自分のものを持参していたのではないか。

たとえば、レジ袋なんてない昭和のお母さんたちは、買い物かごを持っていました。そして、醤油だって日本酒だって一升瓶を持って行って、量り売りをしてもらいました。ひょっとすると、これは今も残っている店もあるだろうけれど、豆腐屋さんは、ご主人が冷たい水槽に手を突っ込んで、フッフッフッなんて感じで底から豆腐を取りだして、持ってきた鍋に入れてくれたもんだ。なんて書くと爺なのがばれてしまう。食品衛生上は今のほうが、安心安全かもしれないけれど、持参時代はゴミが少ないし、シンプルであるのは確かです。

あるいは、東日本大震災の時に、地震発生直後から現地へ行ってボランティア活動に加わった知人は、初期には簡易トイレ持参で駆けつけたとのこと。ものを持参する日常にはやさしさがあります。

シンプルな食器の複雑な背景

ものを持参する暮らしは、やさしくはあるのですが、せっかく先方が用意したものを使わずに、自己を主張するわけだから、嫌みにも感じます。粋かキザかのわかれめは、結局のところ人柄によるのでは。永六輔さんが自著で、次のようなエピソードを紹介しています。

「伊丹十三さんの案内で大津の月心寺に食事へ行った時、彼は自分の鞄からお椀を出して、それにご飯をよそって貰っていた。それほど好きなお椀なのだという。日常使う道具に惚れているっていうのはいいものだ」(『終りのない旅』中公文庫)

素敵なエピソードが書かれているこの本は、初版が昭和四十七年(一九七二年)です。その頃、伊丹十三さんはまだ映画監督ではなく、ハリウッド映画へ出演する俳優であり、軽妙な文章をつづるエッセイストでした。

残念ながら、ご両人ともすでに鬼籍にはいられています。ご存命でも、おふたりのような著名人にお会いする機縁を持ち合わせてはいませんが、聞いてみたい疑問がひとつあります。持参したお椀は、食後どうしたのでしょうか。つまり、ご飯を食べたお椀を洗いもせずに持ち帰ったのか。あるいは、どこかの洗い場でみずから洗ったのか。または、誰かに洗ってもらったのか。

ここからは筆者の想像をお許しください。伊丹十三氏は料理の最後に出た番茶を持参のお椀にそそいで、一片だけ残しておいた香の物でお椀をあらい、お茶を飲みほしたのではないか。続いて、やはり持参の布きんでお椀をふく。そして、お椀を入れてきた巾着《きんちゃく》かなにかにしまうと、さわやかにたちあがった。以上は筆者の空想ですが、お洒落な人がマイお椀持参で粋にご飯を食べようとしたら、この方法しかありません。

実をいうと、椀につがれた一杯のお茶かお湯で、食器を始末するのは禅の修行者が毎食後におこなう洗鉢という作法なのです。洗剤も、食洗機もいらない、まことにシンプルな後片付けです。でも、これって一般の人がみると、衝撃的な情景のようです。

古い資料を引っぱりだします。昭和の終わり頃、ＮＨＫが二年間にわたり臨済宗の専門道場にテレビカメラを持ち込んで、ドキュメンタリーを作りました。「禅の世界」（昭和六一年十一月放送）です。

その番組のプロデューサーが、取材記を書いています。久保醇著『鍵を求めて異文化を探る』（『禅文化・一二三号』禅文化研究所）は、全部で四千字ほどの原稿ですが、文章の約半分が僧堂の食事に関する記事なのです。久保氏は次のように述べています。

「のちに試写や編集を見にきた多くの人たちが、いちばんショックを受けたのが、実はこのシーン（洗鉢＝筆者注）だったのです。質素で自然な生活を理想とし、禅のもつ枯淡にひかれる、という若い女性も、この場面では、ウッと声をのみ、つらそうにしていました」

しかし、久保氏は取材を通して、「一杯の茶でも、食器の汚れをおとすのに十分な量で、不潔ということはなく、残りの茶も呑んできたないはずはない」と気づき、「現代の異常なきれいずき」に疑問を持ちます。そして、僧堂生活を「永年にわたって周到に練りあげられてきた人間教育」と絶賛します。伝統的な仏教教団が戒名問題や、たびたび起こすスキャンダルで、マスコミの餌食となる昨今、ありがたいほめ言葉です。

ところで、このテレビ番組が放映されてから二年後、周防正行監督の日本映画『ファンシーダンス』が上映されます。主演のモックン（本木雅弘）が演じるのは、実家の寺を継ぐため、東京での楽しい生活と恋人に別れを告げ、道場へ向かったシティーボーイ役です。修行生活をコメディータッチで描く映画のところどころに、NHKのドキュメンタリー「禅の世界」のパロディー場面を見ぬくのは、釈徹宗氏です。興味のある方は、映画とドキュメンタリーを見くらべるか、釈徹宗・秋田光彦共著『仏教シネマ』（文春文庫）を読んでみて！

シンプルな禅の食器の周辺をとりまく、重層な背景でした。

8 白黒はっきりさせなくていい

父母未生《みしょう》以前自己本来の面目――『宗門葛藤集《かっとうしゅう》』

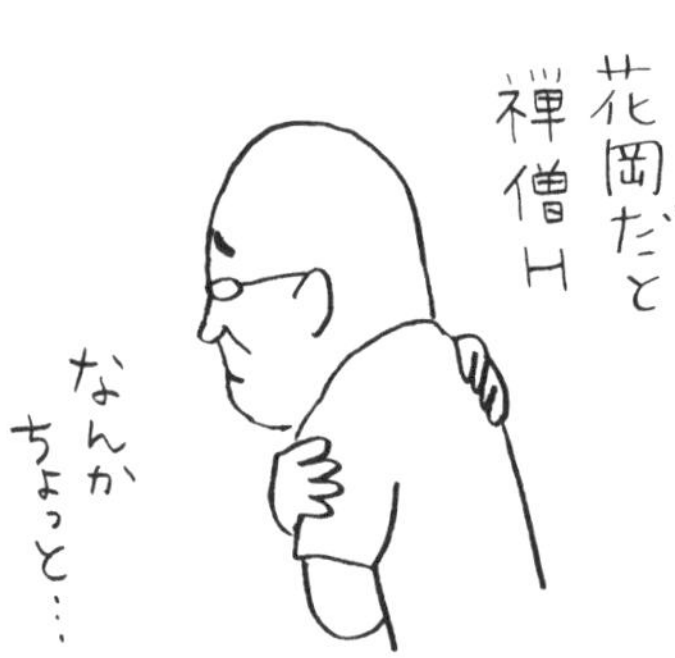

A子さん、Yさん、S老師

われわれ坊さんの文章でよくみかけるパターンのひとつに、「檀家のA子さんが……」というのがあります。

実名では、少しさしさわりがある時に使う書き方です。これって、「身の上相談」の芸のない回答のようで、あまり品性がよくないと思うから、筆者は使はないようにしています。

しかし、文豪が「O」とか、「Y」とか、「S老師」と書いている短文にであいました。夏目漱石の「初秋の一日」という小品です。

漱石は明治二十七年の暮れから二十八年の正月明けまで、鎌倉円覚寺で坐り、釈宗演老師に参禅をしています。その時の体験をもとに十六年後（明治四十三年）、小説『門』を朝日新聞紙上に連載します。

『門』の連載から二年後の秋に、友人の満鉄総裁・中村是公《よしこと》氏（Y）とともに、宗演老師（S老師）のもとを、二十年ぶりに再訪した様子をつづったのが「初秋の一日」です。「初秋の一日」とは大正元年九月十一日のことです。二日後に明治天皇の御大喪がおこなわれると作品中に記されているから、日にちが特定できます。

日にちは特定できるのですが、二千字あまりの短い文中に人名・地名を断定できる名詞はほとんどでてきません。「Kの町」の尼寺へS老師を訪ねて、YとOと行ったとしか書かれていないのです。

筆者が読んだのは、ちくま文庫『夏目漱石全集10』（一九九六年七月第五刷発行）に収められている「初秋の一日」です。こまかな注が添えられているのでよみやすい。ただし、ひとつだけ注に誤りがあります。

漱石ら三人は、汽車を下りて車に乗ります。車といっても自動車ではありません。人力車です。こんな一節です。

「やがて車夫が梶棒を下した。暗い幌の中を出ると、高い石段の上に萱葺の山門が見えた」。

この「山門」に、全集の編集者は「円覚寺山門」と注をつけています。まちがいです。円覚寺山門から至近の距離にある東慶寺の山門です。東慶寺の通称は縁切り寺です。当時、S老師は東慶寺に居住されていて、それは「初秋の一日」の後半部でものべられています。

また、禅文化研究所発行の季刊誌『禅文化250号（2018年10月）』の「特集・釈宗演老師壱百年遠諱」で、現円覚寺派管長・横田南嶺老師が、「宗演老師と漱石は、その後大正元年に再び東慶寺で出会っており、そのような縁があって、漱石の葬儀も、宗演を大導師として勤められた。戒名も宗演が授与している」

と書かれていることからも、三人が人力車から下りたのは、「円覚寺山門」ではなくて、「東慶寺山門」です。

まぁー、「他人の誤りは蜜の味」。後に改訂されて、ちくま文庫『夏目漱石全集』のこの注が修正されていたならば、ご容赦を。ともあれ、明治天皇の大喪の礼をひかえ、そして乃木大将が殉死される二日前の古都の一日をえがくのに、満鉄総裁とか円覚寺管長とかの四角ばった肩書きは無粋というもの。「Y」「S」の一文字が「夢のように煙るKの町」には、ふさわしいと文豪は判断したのでしょう。

われわれ坊さんが使うと「身の上相談」の回答風になってしまうアルファベット表記も、文豪の手にかかると「品格がある」なんて思ってしまうからいい加減なわたくしです。と、ながながしい言い訳をしておいて、漱石とも鎌倉ともまったく関係のない、筆者が住職する寺のお檀家、A子さんのことを書きます。

白黒はっきりさせなくていい

正月があけて、寒い日の夕方でした。檀家のA子さんが訪ねてきました。その日がちょうど、前年の秋に亡くなった母親の百日忌だというので、お供物をもってお参りにきたのでした。

A子さんのお母さんは、一人暮らしの自宅で突然に亡くなりました。そのため、異常がわかるまでに二日ほど過ぎてしまいました。亡くなったと推定される日は週末だったので、いつもなら、七十歳なかばの母親に「何か買い物はある」と、A子さんから電話をするのが定例だったようです。でも、その日に限って、忙しくて電話をかけなかった。もし、あのときいつものとおり電話をしていれば……。

寺の一室で、ハンカチを片手に、そんな話をしてくれるA子さんです。こうした時の応対というのは、筆者はあまり上手ではないのですよ。つい、教えを説いてしまう。そうじゃーなくて、ひたすらに聴くこと。傾聴の大事さが強く言われている昨今です。ただ聴こうとしました。A子さんは、話を続けます。百日忌も済んだので、墓石に戒名と死亡年月日を刻みたい。でも、医師が書いてくれた診断書の推定死亡日に、友人が故人と電話で会話をしている。その友人は翌日に亡くなったのではないか、という。だから、

「和尚さん。B日としましょうか。C日と刻んだらよいでしょうか」

問いかけを投げられたのだから、ただ聴いているだけでは、すこしまずい。こたえました。

「どちらの日にするか、迷っているわけね」

A子さんは「迷い」という言葉にビビッと反応してくれました。容易には消えない後悔と、善意の雑音の中で、自分の心の有り様がわからなくなっていたのです。不思議なことに「迷」の一字が心を晴らしてくれたようです。A子さんは独り言のようにつぶやきました。

「わたし、迷っていたのね」

筆者は続けました。

「迷わなければ、解答はないから、迷うことはよいことだけど、世の中には、わからないこと

はいっぱいあるじゃない。無理して白黒つけなくてよいのでは」

明るくなったA子さんの表情をみて、次のようなお説経がのどもとまでできましたが、あやうくのみ込みました。

「禅に、父母未生以前自己本来の面目という言葉がある。父さん母さんからまだ生まれていない自分はナンなのか。そんなものわかるわけない。生でさえわからないのだから、死もまたはっきりとわからない」

実をいうと、「父母未生以前自己本来の面目」というのは、冒頭で紹介した夏目漱石が円覚寺で参禅をした時に、釈宗演老師からいただいた公案（修行者にあたえられる試問）だったようです。そして、小説『門』の主人公も、この公案に参ずるけれど、公案の深意にたどりつけず円覚寺の山門から退散しています。

なんて話を、A子さんにしなくてよかった。A子さんは、あの日、筆者が住職する寺の門を「独りで開けて」入ってきて、自分を確認して帰っていったのだから。実名では書けない、実名を明らかにする必要のない「初春《はつはる》の一日」のことでした。

3章 語る

1 ことばを切りとる

雪後初めて知る松柏の操《みさお》、事は難《かた》くしてまさに見る丈夫の心

——『虚《き》堂《どう》録』

好語、説き尽くすべからず

失言放言が絶えないからと、某政党が失言防止マニュアルをつくったそうな。マニュアルで最初にあげたのは、「発言は、切り取られる」との注意でした。

つまり、テレビの放送時間や新聞の文字数には制限があるから、強烈な見出しになることばだけが切りとられ、それが独り歩きして舌禍事件をひきおこす、というのです。確かに、数分

間のスピーチで、わずか数秒の話だけが問題にされ、重職を辞した方もおられるから、後悔が残る一瞬のできごとでしょう。

筆者も礼を失したことばを連発しますが、さいわいに社会的影響力がないから、切り取られて問題を起こしたことはありません。「切り取られた」ことはないのですが、知らずしらずのうちに「切り取る」側になっています。仏僧ですからスキャンダルを切りとるわけではなく、膨大な経典や語録から数文字だけを引いて、こうした文章を書いています。

たとえば、中国・宋の時代の逸話集『大慧武庫《だいえぶこ》』から、名句を切りとってみましょうか。五祖法演禅師（?〜一一〇四）が、弟子の仏鑑へあたえた四つの戒めです。このとき仏鑑は、太平寺という由緒ある寺の住職として迎えられ、入寺しようとしていました。

「第一に、勢い、使い尽くすべからず。第二に、福、受け尽くすべからず。第三に、規矩《きく》、行い尽くすべからず。第四に、好語、説き尽くすべからず」

法演禅師は、名高い寺に出世していく弟子の行く末を、どんなにか気づかったのでしょう。言葉をかさねて、なぜ、やり尽くしてはいけないか。つぎのように説き加えました。

「好語説き尽くせば、人必ずこれを易《あなど》る。規矩行い尽くすは、人必ずこれを繁《わずら》う。福若し受け尽くせば、縁必ず孤なり。勢い若し使い尽くせば、禍必ず至る」

「規矩」とは、禅宗でいえば修行していくうえでの規則のこと。それ以外は特別なことばもない一節だから、筆者の拙い現代語訳なんか不要でしょう。

それにしても、「好語説き尽くすべからず」としめしながら、言葉を尽くして諭《さと》しているのがほほえましい。千年ほど前に、中国南方で語られた言葉を語録から切りとっても、そのまま現代に通用するからすごい。

四百年前の本屋が、いまも残る京都

ところで、禅の語録を「修行の道場で行われた問答の実況中継の記録」とたとえたのは、小川隆教授です（月刊『致知』2019年6月号）。語録が「実況中継の記録」ならば、問答中継の名解説者のひとりが小川先生です。そんな学究が発した絶妙な表現に、筆者が言葉を添えるのは、おこがましいけれど、単なる記録ではなく、「実況中継を後日に編集した名場面集」といった方がわかりやすいのでは。「名場面集」ですから、切りとって捨てられた会話もあるし、ズームアップされた会話もあるでしょう。

さきに紹介した五祖法演禅師と仏鑑の対話を収めた『大慧武庫』は、大慧禅師（一〇八九〜

一一六三）が、宋代の禅林の逸話を語って、それを弟子が編集したものです。大慧禅師といってもそう知られた禅者ではありません。ちなみに、国立国会図書館の検索システムで関連書籍を探すと「大慧＝ダイケイ」とフリガナがつけてあるくらいですから。ダイエです。

言行録の『大慧武庫』にしても、全文を近代的な活版で洋紙に印刷された書籍はないと思われます。ならば、今回筆者が「好語不可説尽」の名句を切りとったのは、よくやる孫引きか。いや、いや、いや。自慢するわけではないけれど、と書きながら自慢するけれど、今回は木版手刷りの和本『頭書・大慧武庫』から引用したのです。

この和本の奥書によれば、元禄七年（一六九四年）に潮音道海（一六二八〜九五）が頭書（とうしょ＝注釈）して、現代でいえば「彦根市に住む大義紹圓居士の資金で版をつくり（江州神崎郡萱尾邑端氏大義紹圓居士捨淨金壽梓）」、出版したのは、「平安書林　鷦鷯《さざき》総四郎春行藏版」としるされています。余談ですが、総四郎さんが営んでいた本屋は、現代でも京都寺町通りにある古書店で、竹苞楼《ちくほうろう》という表札をかかげているからびっくりです。

江戸時代の本屋は現存していても、出版の方法は大きく異なっています。四百年前は版木に一字いちじ漢字を彫って、それを一枚いちまい墨で刷る。紙だって、草を材料にした手作りのもの。多額な資金が必要だったろうに、それを紹圓さんは何ゆえにひとりで提供したのか、ひとことも記されていません。陰徳です。

今、手もとにあるのは、江戸時代の版木を使って、筆者が修行した埼玉県新座市の平林寺から、昭和の終わり頃に再版された新しい和本です。

再版されたみちすじを簡単にしるせば、元禄の世に作られた木版は、明治三十年代のなかばに、青年実業家にひきとられました。実業家は木版から本に仕立てて、あちこちの修行道場の雲水へ施本としました。利を得るために製本したのではありません。実業家の名を小西駒太郎（一八六九～一九六七）といいます。駒太郎は京都の薬種商の家に生まれ、代々の当主が名のっていた新兵衛の名を継ぎ、武田薬品の相談役などをつとめ、晩年は松柏と号しました。

松柏の名が、『虚堂録』の「雪後初めて知る松柏の操」に由来することからもわかるように、ご自身も参禅した厚い信仰の持ち主であったようです。松柏翁は昭和四十二年に九十九歳で亡くなります。十数年後、ご遺族の申し出により、『大慧武庫』の木版は平林寺に贈られ、時あたかも平林寺開山石室禅師の六百年遠諱にあたり、記念事業として再版された一冊がわが手もとにあるのです。

翁の来歴は三年忌に出版された、『小西松柏翁追想』（武田薬品刊）から切りとりました。非売品ながら三百六十頁におよぶ大著には、親族や知人が書いた追想録も掲載されています。

執筆者のなかに、森本省念元長岡禅塾塾長のお名前をみつけることができます。長岡禅塾は京都府長岡市に現存する大学生と一般人を対象とする禅道場です。運営しているのは宗教法人ではなく、財団法人です。なぜなら、昭和十四年に岩井商店（現双日株式会社）の創業者・岩井勝次郎が創建した禅道場だからです。

このように、以前は小西氏や岩井氏のような方が多くおられたのですね。でも、こころざしがあっても、それを許さない社会状況になっています。たとえば、長く続いた仏教の月刊誌が数年前に休刊しました。発行元を支援する企業が大企業と合併して特定の宗教へ肩入れするのは、「ステークホルダー（企業の利害関係者）に納得してもらえない」というのが理由らしい。決算書の一行か二行の数字が切りとられ、その背後で語られていた言葉や、それを聞いたり読んだりしたひとの感激は捨て去られたわけです。切りとることの弊害です。

さて、結論です。新しい元号も万葉集の文字を切ってはりあわせたのですから、切りとること自体は、悪いことではなさそうです。でも、切りとるのが害になるのも、すでに記したとおりです。だから、たまには切りとられる前を見てみないと。木版手刷りの一冊の和書から、元禄時代の篤志家や近代の経済人の心意気、そして窮屈な今の姿までわかるのですから。

2 梅干しと梅酒

はじめはにがく、辛くて、あとで甘くなる——水上勉『土を喰ふ日々』

喉元過ぎれば……

受験シーズンになると、筆者は新聞紙上に掲載される入試問題をながめます。はるか昔、みずからが当事者だった頃は、見出しだけでも気分が重くなった紙面を、お茶なんかのみながら、のんきに読むのですから、「喉元過ぎれば……」とは、真実でございます。

そうはいっても、「坊さんになるのだから、足し算だけできればよい」と、育てられた超文化系人間ですから、理数科の問題はとばして、現代文や古文、漢文などをチラっと見るのです。新聞だけでなく機会をみつけては、受験生の笑顔と哀しみのつまった問題を調べるようにしています。なぜ、そんなことをするのか。ときたま仏教や禅に関連した小説や詩歌などが出題されていて、教えられることが多いからです。

例をあげれば、禅の専門用語をちりばめた水上勉（一九一九〜二〇〇四）のエッセイ、『土に喰ふ日々』（文化出版局）を問題文にしたのは、平成二十一年度・東洋英和女学院中学部の国語入試問題です。

禅に関した文章を、入試という特別な環境とはいえ、小学六年生が目にする機会を作っていただくだけでも、禅坊主としては有り難いのですが、この学校の公式ホームページで沿革をみると「1884年（明治17）カナダ・メソジスト教会から派遣された婦人宣教師マーサ・J・カートメルによって東京麻布鳥居坂下に設立」とあります。いわゆる、ミッションスクールです。キリスト教の布教が使命《ミッション》ですから、出題者には勇気のいる選択だったと想像します。

どのくらいの勇気と寛容さが必要かといえば、筆者が属する臨済宗妙心寺派が設立と運営にかかわっている京都の花園中学と高校が、たとえば遠藤周作の『沈黙』をめぐって入試問題を作成した過去があるでしょうか。もしかして、すでに採用していたらゴメンナサイ。

寛容を、伝統というのかもしれません。

五十三年前に漬けた味

さて、ミッションスクールが入学試験にとりあげた『土を喰ふ日々』は、「九つから禅宗寺院の庫裡《くり》でくらして、何を得《とく》したかと問われれば、先ず精進料理をおぼえたことだろう」と、語りだします。作者の水上勉は、福井県に生まれ、禅寺の小僧に出され、得度も済ませ、先述した現代の花園高校の前身である旧制花園中学を卒業しますが、禅の道には進まず文学を志します。筆者は以前、水上氏と同窓だったという宗門の古徳《ことく》から、「地獄の底から、ものをみる男」という水上評を聞いています。

しかし、『土を喰ふ日々』に限っていえば、もともとが婦人誌『ミセス』に一年間連載された精進料理の話題を、「一月の章」からはじまり、「十二月の章」でおわるように編集された本だから、暗くはない。が、入試に採用された一文は、少しばかりしんみりとさせます。試験は、「六月の章」の冒頭から引用します。

「梅の季節がきた。つまり、保存用の梅干しを漬ける月でもあり、青梅をかりかり漬けにしたり、ふくめ煮にしたりする月である」

そのできあがりは、

「少年時代の和尚さまのやり方をまねて漬けたもので、なかなか味がいい」

和尚さまというのは、作家が小僧生活をおくった、京都・相国寺塔頭、瑞春院住職の松庵和尚です。和尚は、このエッセイが書かれた十八年ほど前に、数えれば昭和三十五年頃になるのでしょうか。和尚は、七十二歳で急逝してしまいます。作家は次のように内実を語ります。

「禅宗寺では、とくに本山塔頭《たっちゅう》の寺などは、和尚が先に亡くなると、残されただいこくさんと、娘さんは気の毒な目にあう」。「すでに新命和尚がきまっておればいいが、そうでない場合は、母娘は追放されてしまう」。

瑞春院の母と娘も、四十九日忌もすまぬうちに寺を出ていきます。別れに際して、妻の多津子さんは、和尚の片身として、大正十三年に漬けられた梅干しの壺を抱いて去っていったという。なぜいくつもある壺から、それ一つを選んだのか。「大正十三年は多津子さんが嫁入りした年であった」、から。

時は流れて、直木賞作家となった水上氏は、テレビ番組の企画で四十五年ぶりに娘の良子さんと再会します。母の多津子さんはすでに逝去、良子さんは、タッパーウェアーの容器に大正十三年の梅干しをいれて持参していました。作家は、「声を呑んでそれを頂戴し」、「深夜に、その一粒を取りだして、口に入れた」。「はじめはにがく、辛くて、あとで甘くなるこんな古い梅干にめぐりあったことがうれしく、五十三年も生きていた梅干に、泣いた」

薄っぺらな感傷など、寄せつけない禅寺のできごとに、ミッションスクールは十六もの問いかけを、小学六年の女子へしています。紙面の都合で設問を引用できないのは残念ですが、この試験問題に誘われて、筆者は別のエピソードを思いだしたのです。

『智恵子抄』にも梅の思い出

そのエピソードは、東京・宋雲院前住職山本文渓師（一九四二〜）が書かれた短文の中で、紹介されていました。タイトルは、「梅酒　亡き人を思う」。東京臨済会が発行する季刊誌『法光』の、平成二十七年「うらぼん号」に掲載されています。

山本師は、妻の啓子さんを五十歳代で亡くします。亡くなって十三年がたって、

「今年も門の脇にある梅の木に沢山の梅の実がなった」

師は脚立を掛けて丁寧にとり、ご近所へ持っていきます。奥様がいいました。

「わーうれしい、梅酒つけるから、出来たら和尚の所へ持って行くね」

この言葉にピーンときて、「たしか啓子がつけた梅酒があるはずだ」と、帰ってすぐさま縁

の下をのぞき、ほこりをかぶった一つを取りだします。苦労してフタをあけ、「湯飲み茶碗に少しいれてみた」「とろーっとした舌触り。まろやかで甘みもあり、お酒の強さも感じられる」。

何時つけたのか分からない梅酒を前に、思いはめぐります。

「二人で何年かしたら飲もうと思ってつけたのか。それとも自分の死後、寒いときにでも飲んで下さいよ、という気持ちなのか。今となっては分からない」

山本師の頭の中に、一篇の詩がよみがえります。高村光太郎の詩集『智恵子抄』に収められている「梅酒」です。智恵子が没して二年後の昭和十五年三月、詩人は次のように語りました。

「ひとりで早春の夜ふけのさむい時、これをめしあがってくださいと、おのれの死後に遺していった人を思ふ」

小説家と詩人、そして先輩住職が梅の実からつづった珠玉のことばを目にすると、やはり実際の体験は強い。そう、思うのです。禅でいう「不立文字《ふりゅうもんじ》」とはこのことを言うのでしょう。文字《マニュアル》にとらわれるな、目前の梅の実が教えてくれる、と。禅のテーマをもう一度確認させてくれたのは、ミッションスクールの入試問題がきっかけでした。

3 そうだ京都、行こう

絵はとかくつまりたるがわろき――狩野探幽

余裕と隙がだいじ

気になる歴史上の人物や出来事があって、資料をあつめたとしても、すぐに自分なりのイメージがつかめるわけではありません。「学び方が浅いからだ」と言われてしまえば、その通りですが、忘れないように身体のどこかにしまっておけば、何かのはずみで予想とは異なる姿を見せてくれることがあります。

筆者は、江戸時代初期に生きた後水尾《ごみずのお》天皇（一五九六～一六八〇）について、以前から興味をもっていました、臨済宗妙心寺派に籍をおく者からみれば、徳川政権がいまだ不安定な時期におきた、紫衣《しえ》事件の重要な登場人物のひとりが後水尾天皇だからです。

紫衣事件を簡潔にいえば、本来は朝廷のものだった大徳寺と妙心寺の住持になる任命権に幕府が横槍をいれ、徳川政権に従わなかった沢庵宗彭《たくあんそうほう》（一五七三〜一六四五）らが流罪された事件です。この騒動が起きた時の天皇が、後水尾天皇。沢庵が江戸を追放されて配所の出羽国《でわのくに》上山《かみのやま》、現在の山形県上山市に向かったのは寛永六年（一六二九）の七月だといいます。

それから四か月後、後水尾天皇は突如として退位してしまいます。時に三十四歳。司馬遼太郎の絶筆のひとつである『濃尾参州記』（朝日新聞出版）によれば、上皇は白内障の手術を三十七歳でうけています。横暴な幕府への抗議のみならず、体調も思わしくなかったかもしれません。しかし、いくつかの病にもかかわらず長命で八十四歳の生涯を激しく生きたお方でした。なんてことは、何冊かの書籍を読めばわかることで、筆者の後水尾院にはなりません。

筆者なりのイメージが浮かばないうちに、平成の時代も過ぎて、令和になったばかりの日曜日、日経新聞の日曜版が三週にわたって、「美意識を束ねる　後水尾上皇」と題して特集を組みました、その二回目、令和元年五月十九日付けの記事で、次のような一節が目にとまりました。美術史家の門脇むつみ氏のことばです。

「後水尾天皇が探幽と共有していた美意識があります」

探幽というのは、宮廷画家であり幕府の御用絵師でもあった狩野探幽（一六〇二～七四）のことです。当時、朝廷と幕府の関係は緊張していたけれど、探幽は両方に出入りしていました。門脇氏は、次のようなエピソードを教えてくれます。後水尾院が作風の極意を探幽に尋ねました。天才画家はこたえます。

「絵はとかくつまりたるがわろき」

新聞記事中の門脇氏の解説を拝借しましょうか。

「『つまりたるがわろき』は、すべてを描きつくしてしまうとせっかくの作品も台なし。むしろ余裕や隙が感じられるものにした方が絵は良くなる、という美意識でしょう」

これですよ。以前、筆者が引用した、中国は宋代の禅の語録『大慧武庫』に収められている名句、「好語説き尽くすべからず」と同じではないですか。しかも、筆者が住職する寺の本山、京都の妙心寺法堂《はっとう》で天井からにらみつける雲龍図も、狩野探幽の筆によります。激しく生きた天皇が、筆者の守備範囲に少しだけ近づいてきてくれました。

でも、やはり後水尾院を語るのだったら、どうしても行かなければならない場所があります。修学院離宮です。離宮は後水尾院が退位後にあらたに造った別荘で、みずから図面まで引き、完成したのは院が六十三歳のころだといいます。だから、上皇の人となりが庭園にあらわれているはずです。頭の中で描いた地図だけでなく、体で覚えた地図を書くために、そうだ京都、修学院離宮へ行こう。

忖度された御馬車道

いざ、行こうと思っても、ご存じのとおり、離宮の拝観は宮内庁へ申し込んで許可が必要です。自分の都合だけでは見られないからこそ価値があるのですが、筆者の拝観は六月中旬の火曜日、朝九時からになりました。前日は京都中心部に泊まり、朝七時過ぎに市バスに乗って、京都市の北東部、比叡山麓を目指します。

ここで、現地へ到着しなくても、ひとつ疑問がわきました。比叡山といえば、延暦寺です。延暦寺は御所の鬼門をまもるために建てられた寺です。それと同じ方角に離宮があります。三十四歳で退位した上皇はその後十年あまり、山荘の候補地をさがしたのに、鬼門にわざわざ山荘を造ったのか。それとも、方角なんてそれほど気にしなかったのか。

そんなことを考えていると、四十分ほどで白川通の「修学院離宮道」というバス停につきました。ここから、音羽川に沿った住宅地を十分ほど歩くと、竹を縦に並べた垣根と扉の総門がみえてきます。

定刻に筆者の拝観がはじまりました。二十数名をひとりの女性ガイドさんが引率してくれます。グループの最後尾には男性の職員がついてきて、人数を数えるために、手には計数器をにぎっています。良く言えば、広大な庭園だから、迷子にならないように常に拝観者数を確認しているともいえますが、グループから離れ、どこかに隠れて良からぬ事をしないようにとの監視の意味もあるのでしょうか。

行動は少しばかり不自由ですが、写真撮影は自由とのことでした。建物や庭園などの詳しい造形は写真集をみればわかります。筆者が撮って記憶に残しておきたいのは、庭園をとりかこむ棚田でした。時あたかも田植えがおわって、水をたたえた青田が美しい季節です。それにしても、田んぼと共存する庭園なんて他にあるだろうか。総面積が五四万平方メートルだという敷地全部をみやびな庭園にすることも可能だったろうに、それでは探幽のいう「つまりたるがわろき」庭になってしまう。田んぼは、余裕であり隙なのです。

離宮は、上・中・下の三つの御茶屋から構成され、それぞれは松並木の道で連結していて、その直近まで田んぼはせまっています。松並木は明治天皇が行幸するときに土を盛りあげて造った土手で、御馬車道とも呼ばれているとか。馬車がとおれるくらいだから、それなりのはばが確保されています。高さは大人の背ほどですが、後水尾院のころは、田んぼと同じ高さの普通のあぜ道だったといいます。上皇が農民に話しかけ、山荘を散策した姿が想像できます。

それを明治天皇がお越しになるからと、誰かが忖度して土を高く盛ってしまった。田の高さで天皇が視界にはいるのと、土手の上の馬車を見上げる目線は、だいぶ異なりはしないだろうか。もしかしたら、江戸時代の京都の農民と町衆にとって、天皇は思いのほか身近な存在だったのかもしれません。

さて、一時間十五分ほどの拝観をおえて、筆者は質素な竹垣の総門を出ました。帰りの新幹線のチケットが予約してあるので、バス停へ向かおうとします。ふと、離宮の生垣にそった小径へ目をむけると、一緒のグループで拝観していた中国人の二十歳台で男女のペアが、かえり道とは逆に、田んぼの方向へ歩いて行く後ろ姿が見えました。すでに離宮から棚田をみたので、今度は視点を変えて、棚田から離宮をみようとしているのでしょう。やるね、中国の若者よ。彼らに比べて、わが旅程は余裕のない、「つまりたる」一泊二日でした。

4 お経の素敵な現代語訳にめぐり会えた

いかに無数の人がいようと、彼らを救うことを誓います。――村上春樹訳「衆生無辺誓願度」

白足袋のひみつ

今、鳥飼玖美子著『歴史をかえた誤訳』（新潮文庫）という一冊を、机のうえにおいてこれを書いています。著者はラジオやテレビの英語講座の講師として、あるいは同時通訳者としてもおなじみです。本のタイトルからだいたいの内容は推測できますが、その中で太宰治の『斜陽』の英訳をめぐって、魅力的な話題を提供してくれます。没落して東京から伊豆へ引っ越した華族の夫人が病気になり、村の医者が往診にやってくる場面です。

医師は初めての往診の時、仙台平の袴《はかま》と白足袋という衣裳で訪れます。仙台平というのは、宮城県仙台地方でつくられる上質の絹織物です。それで、仕立てた袴は、座れば優雅にふくらみ、立てばさらりと折り目がつくという高級品です。

残念ながら筆者は仙台平の本物を見たこともさわったこともありません。が、平成最後の十二月に、本庶佑《ほんじょたすく》教授がノーベル医学生理学賞の授賞式で身につけていたものときけば、脳裡に映像がむすべます。

でもねー、晴れの舞台での衣裳と聞いても、涙腺までは刺激されません。しかし、二十九歳で夭折した天才棋士が、短い生涯で一度だけのタイトル戦に着た和服が、仙台平の袴だったと知ればジーんときます。病弱で入退院を繰り返しながらもプロ棋士となり、羽生永世名人に「同時代でともに戦えたことを私は心から光栄に思います」と、言わしめたのが村山聖《さとし》です。

もっと生きていれば何度も挑戦したであろう王将戦に、村山聖は二十三歳の時に臨みます。最初で最後の挑戦です。七番勝負の三戦目に仙台平の袴をはいて将棋をさします、和服一式はタイトルにいどむのを祝って師匠がそろえてくれたのです。印象深いエピソードは大崎善生著『聖《さとし》の青春』（講談社）から引用しました。

そういえば、将棋のタイトル戦奪取の最年少記録を作った藤井聡太棋士の初の和服姿も、夏物の仙台平の袴だったな。超正装なのです。このように、たった三文字に、大量の情報が詰めこまれています。

脱線してしまった話を、『斜陽』にもどします。精一杯の正装で没落貴族のもとを訪ねた医師は、初めての往診では注射だけして帰り翌日、二度目の往診に訪れます。太宰治はこう描写します。

「お昼すこし前に、下の村の先生がまた見えられた。こんどはお袴は着けていなかったが、白足袋はやはりはいておられた」

この小説は昭和二二年に発表されて「斜陽族」なる流行語まで生みました。その当時の読者は、作家が言わんとする仙台平と白足袋の意味を、きちんと理解できたのでしょう。

だが、しかし。今どきの若者はもちろん、それなりに年齢をかさねた現代の大人でも、白足袋イコール正装という認識はないでしょう。かつては紺あるいは黒の足袋をはくのが普通で、白足袋は芸人、芸術家、神職、僧侶、医者など限られた職種の正装でした。和服が日常から遠く離れてしまった今、仙台平と白足袋が破格な衣裳であるのを知らないのが現代日本人です。

現代の日本人がすでに理解しがたい小説の場面を、ドナルド・キーンが、The Setting Sun（『斜陽』）で次のように英訳します。

he still wore his white globe（白い手袋をつけておられた）

「白足袋」がいつのまにか「白手袋」になっているのです。どうして、足袋が手袋にかわったのか。英語圏では、白いソックスには正装をあらわす意味がないから、「正装の雰囲気を伝えたい、と思うのなら、white globe はまさにうってつけの英語である」。そして、「戦後の日本文学の英訳の中でも特筆すべき名訳」だと、『歴史をかえた誤訳』は記述します。

鳥飼氏自身は、こうした「手品」のような流麗で自然な翻訳を認めつつも、直訳的な違和感のある訳文も大切だと考えジレンマに陥ります。どちらとも言えない中途半端な見解しか出せないのは、それだけ翻訳というのが難しい作業なのでしょう。

漢字の経典も翻訳ものです

仏教の漢訳経典も翻訳ものです。どういうことかというと、当初、釈尊の言葉は文字化されずに暗誦して口伝されます。紀元前後にサンスクリット語やパーリ語で記録されるようになり、中国へ流入したものが漢字に訳されます。膨大な量があります。なかにはドナルド・キーンが「足袋」を「手袋」と言いかえた手品のような翻訳もあるでしょう。そこで、翻訳でない素《もと》のパーリ語やサンスクリットにさかのぼらなければ、本来の姿はわからないと考える仏教学者もいます。

でも、そんな古代インド語を一般人が読むのは困難です。だから、慣れた漢訳経典に親しみがわきます。親しみがわくと言っても、わずか七十数年前に書かれた口語の小説でさえ、作家の意図が読み取れなくなっているのですから、漢文も当然ながら難解です。どうしたらよいのか。日本語のすぐれた現代語訳があればよいのですが……。

たとえば、「四弘誓願文《しぐせいがんもん》」という四行の短いお経があります。多くの宗派で読むけれど、少しずつ文言が異なり何種類かあります。以下は臨済宗でよんでいるものです。

「衆生無辺誓願度《しゅじょうむへんせいがんど》。煩悩無尽誓願断《ぼんのうむじんせいがんだん》。法門無量誓願学《ほうもんむりょうせいがんがく》。仏道無上誓願成《ぶつどうむじょうせいがんじょう》」。

さて、これをどなたに翻訳してもらいましょうか。作家の村上春樹訳なんていうのはいかが。J・D・サリンジャー原作・村上春樹訳『フラニーとズーイ』(新潮文庫)に「四つの偉大な誓願」があります。サリンジャーは他の著作、『ナイン・ストリーズ』で、白隠禅師の「隻手《せきしゅ》の公案」を紹介するくらい禅に関心をよせていました。村上春樹さんは次のように訳しました。

「いかに無数の人がいようと、彼らを救うことを誓います。いかに無尽蔵に情念が存在しようと、それらを消滅させることを誓います。いかに(ダルマ)仏法が広汎《こうはん》なものであれ、それを修得することを誓います。いかに仏陀《ぶっだ》の真理が比類なきものであれ、それを会得することを誓います」

いいですね。古めかしい経文にノルウェイの森の風がふいてきます。でも、ハルキスト（村上春樹ファン）に叱られるかもしれないけれど、たとえば、ドナルド・キーンがした手品みたいな訳はないかと探してみたら、ありました。詩人の伊藤比呂美さんの訳です。

比呂美さんは、父母の介護と看取りのなかで、仏教に急接近していきます。そして、「翻訳に翻訳をかさね、人の声に声をかさねて、実体のわからなくなってしまった音」にひかれ、経文を現代語訳します。伊藤比呂美訳「四弘誓願文」はというと。

「ひとびとはかぎりなくいます。／きっとすくいます。／ぼんのうはつきません。／きっとなくします。／おしえはまだまだあります。／きっとまなびます。／さとりはかならずあそこにあります。／きっとなしとげます。」（伊藤比呂美著『読み解き般若心経』朝日文庫）

「きっと」のリフレインが心地良い。心地良いのですが、木魚のリズムにはのりません。漢訳の経文にもどるしかないのでしょうか。と、先にご紹介した鳥飼久美子氏と同じジレンマに陥ります。でも、見方をかえれば、著名な翻訳者と同じ悩みをもつなんて、きっと、素敵！

5 残った手紙、捨てられた手紙

読んでは書き、書いては考え、考えてはまた読む

――唐木順三『無常』

常ならぬ世

断捨離、なんて言葉が流行っているけれど、「断」には「思い切って」という意味があります。思い切るためには、やむを得ない機縁が必要です。筆者も、師父である先住職が亡くなったのを機縁に、思い切って古い書類や、父あての手紙や葉書を捨てました。

書籍は捨てなかったのですが、禅の専門雑誌を捨てました。季刊の雑誌で数十年分だから、

かなりの量がありました。その頃、筆者はものを書くこともなかったので、雑誌の束は不用と考えたのです。

なぜ、文章を書くことがなかったかというと、教団発行の月刊誌などに文章が載るのは「布教師」が優先されるからでした。筆者が席をおく教団で「布教師」というのは、隔年にひらかれる講習会をうけて適任と認められた僧に与えられる称号です。筆者は二度受講して二度とも不適任と認定されています。

一度目の講習会だったでしょうか。同じく不適任だった僧に橋本宗久という方がいました。その後、橋本師は玄侑宗久というペンネームで、芥川賞作家になります。できる人は自分で機縁を作ってぐんぐんと進んでいくから、「書くことがないから勉強しない」というのは、なまけ者の口実にすぎません。

でも、唐木順三氏（一九〇四〜八〇）は著作の『無常』（筑摩叢書）で、「読んでは書き、書いては考え、考えてはまた読む」と述べています。あるいは、女性運動の先駆者である丸岡秀子氏（一九〇三〜九〇）も、「読むということは学ぶこと。書くということは自分を確かめること」。そう、おっしゃっていたから、「読む」「学ぶ」「書く」は、ひとすじの作業なのです。たしかに、あの頃は不用に思えたのですが、ひょんな事からこうして言葉をつづる機会をいただくと、捨てた雑誌群が必要になります。バックナンバーを版元に注文した時もありますし、創刊号から親子二代にわたりきちんと整理して保存している法友にコピーを頼むというまったくもって、しまらない断捨離です。唐木順三氏がいうように「常ならぬ世」です。

雲水にあてた文豪の手紙

ところで、著名な文学者の全集を眺めていて、不思議に思うのは書簡がおさめられていることです。たとえば、平成のおわり頃に刊行がはじまり令和になって完結した、『定本・漱石全集』(岩波書店)は全二十八巻プラス別巻という大全集ですが、三つの巻で書簡が掲載されています。ページ数にして二千ページあまり、総数が二千五百通以上の手紙。ため息がでます。漱石が亡くなったのは、大正五年十二月九日です。その後、日本は太平洋戦争を経験して、主要都市は焦土と化しています。漱石終焉《しゅうえん》の地である東京早稲田の家も昭和二十年五月の空襲で焼失しています。

書簡にとって災難は戦火だけではありません。筆者が師父の手紙を整理してしまったように、ふとどき者が捨ててしまったのもあるだろうに。いや、筆者の師父とくらべたら恐れ多い。文豪の手紙だから、みんながみんな家宝にして大切にまもったのだろうか。

岩波版『漱石全集』で、漱石が書いた最後の書簡は、大正五年十一月十九日消印のものです。その四日前に一通の手紙が、神戸市平野祥福寺副司《ふうす》冨澤敬道あてに投函されています。神戸・祥福寺は臨済宗妙心寺派の専門道場です。副司というのは修行道場内の役職で、道場の会計をあずかる重職です。後に漱石の鏡子夫人が、松岡譲筆録『漱石の思い出』（文春文庫）で、冨澤がいかに副司をつとめたかを暴露しています。

「一人の坊さんというのがごく簡単な寄せ算しかできない。つまり数の観念というものがないのに会計方をやったおかしい話など、みんな夏目を喜ばせ、何かこう尊いといった感じさえ起こさせたものとみえます」

夫人までふくめた濃密な交わりがどのようにはじまったのか。はじまりは、漱石逝去の二年前の春でした。神戸・祥福寺の雲水あてにはじめて返信を出しています。ただし、冨澤敬道あてではありません。冨澤よりは後輩雲水の鬼村元成《おにむらげんじょう》あてです。この時、鬼村は二十歳、冨澤は二十三歳です。〈鬼村を「おにむら」と呼称するのは加藤正俊著『漱石の書簡三』（『禅文化』193号）によります〉

漱石の手紙から推察すると、最初に手紙を書いたのは鬼村で、道場内で藪に隠れて読んだ

『我が輩は猫である』の感想をしたためたようです。最初の手紙で、鬼村は失態を演じます。

雲水に漱石の住所などわかりませんから、小説を連載していた朝日新聞あてに直送します。それは良いとして、切手がたらず料金不足。不足分は新聞社が立て替えたようです。そのためか、漱石はすこぶる機嫌がわるい。手紙は次のように書きはじめられています。

「拝復あなたの御手紙を拝見しました何か返事を寄こせとありますから筆をとりました」

こんな手紙にもめげず、というか大作家から自筆の手紙をもらったのがうれしかったのでしょう。鬼村はふたたび手紙をだします。漱石も律儀に応じます。文豪最晩年の千日あまりの間に、ふたりの雲水あてに投函した手紙は確認できるものだけで、四十二通になります。

そして、積もりかさなる文通のあげくに、ふたりの雲水は漱石宅を訪れて九日間にわたり逗留します。活動写真をみたり、歌舞伎や帝劇へ案内され、東京を満喫しています。大正五年十月下旬でした。漱石逝去の四十日前です。

文豪が死の寸前に、気を許した雲水がいたのは意外です。調べていくと、禅文化研究所発行の季刊誌『禅文化』23号に、興味ある一文が掲載されていることがわかりました。発行は昭和三十六年十月、ずいぶんと古い雑誌ですが、たぶん筆者が師父亡きあと、整理してしまった雑誌群のなかにあったはずです。だから、手もとにはすでにない。版元へ問い合わせてみるとバックナンバーが残っていました。取り寄せます。「漱石と雲水」と題した随筆の著者は、幽石子と名のっています。『禅文化』誌の編集者でしょう。一部を引いてみます。

「さきごろ大阪市内の某古書店に神戸祥福寺僧堂宛の一束の手翰がでていた。（途中略）差出人を見ていると、堺利彦、小宮豊隆、久米正雄、松岡譲などいわゆる毛並のよいものも多く、その中でも一番の珍品は夏目金之助だと説明してくれた」

幽石子は結局、手紙の束に一か月分のサラリーを投げ出す気にもなれず、メモだけして古書店を去るのでした。この手紙の束は、鬼村元成へのものでした。鬼村師は大正九年まで祥福寺に留まった後、鬼村姓から森姓になり、台湾の臨済寺の住職を経て、兵庫県の内陸部にある禅寺で生涯を終えます。

季刊誌『禅文化』の幽石子は、夏目金之助発、鬼村玄成あての手紙の束が、古書店の店頭に並んでいた時期を「さきごろ」としか書いていません。雑誌の発行日からいって、昭和三十六年十月以前であることは確かです。鬼村師が遷化《せんげ》（逝去）したのは、昭和三十六年六月でした。

いったい、断捨離なんてことばが流行るのは、いつ頃からなのだ。「捨てなくては」という強迫観念もまた捨てないと、筆者のように先人たちが語った記録を買いもどさなければならない、むさぼりの断捨離になってしまいます。

6 あのフレーズは経典の一節だった

旅に出る、きものを用意しろ——山本玄峰老師

エプロン風絡子とタスキ風敬護袈裟

「友」といえば親友・旧友・盟友といろいろあるけれど、今ではＬＩＮＥでつながった線友ばかり。ＬＩＮＥもフェイスブックも縁遠いアナログ坊主は、正月に交わす年賀状で悪友の消息を確認し、風のうわさで良友の活躍を知る程度がちょうど良いのです。というか、四六時中つながっていて、息苦しくないのだろうかと心配してしまう。

そんな筆者に、テレビの時代劇で仏事指導をしていた畏友がいます。劇中の儀式のやり方や

僧侶の服装が宗派や時代にかなっているかをアドバイスする役目です。友人も筆者と同様に臨済宗の僧侶です。だから、他宗派となると詳しくはない。そこで、いくら調べて確認してもたまには間違える。間違えた本人は気づかないのですが、異なる視点から眺めると正しいことは目立たないのに、誤りは際立つからたちが悪い。

以前、奈良仏教系の方と世間話をする機会がありました。筆者が身につけている、エプロンのような絡子《らくす》をまじまじと見ながらおっしゃいました。

「この間、テレビの時代劇に私どもの○○上人が登場されました。○○上人は幕末に活躍されたのですが、その衣裳がいただけませんなぁー。禅宗風の絡子をつけていた。ぜったいにないことです。私たちは敬護袈裟《けいごけさ》ですから」

と、左肩から右脇にまとったタスキのような袈裟を指さします。筆者はしどろもどろに答えました。

「イエー、ソノー、あの番組の仏事指導をしているのは知人でございまして」

エプロン風の絡子でも、タスキ風の敬護袈裟でも、それほどこだわらなくても良いと思うけれど。道元禅師も「威儀即仏法《いぎそくぶっぽう》」とおっしゃっているくらいだから、おろそかにはできないのです。

日本にはいくつもの宗派があり、それぞれ僧侶の装束はことなります。仏教は「和を以て貴し」と教えるのに、なぜこんなに激しく自己主張するのでしょうか。

理由の一つに、おのれの教義を実現するために便利な装束を求めた結果、てんでんばらばらになってしまったのではないか。たとえば、護摩をたくならばそれに適した法衣があるでしょうし、坐禅をすることが多ければ、それなりの格好になるでしょう。また、山野をかけめぐる行ならば、ああいう姿になる。といった具合です。

もう一つの理由に、同じ装いで仲間意識を確認するという意味もあるでしょう。あるいは、装束に規則をつけて教団内の規律を守るといった効能もあるでしょう。法衣の制服化です。

腹心の友と親善の友

制服といえば、二〇一四年に放送されたNHK朝の連続ドラマ『花子とアン』を見ていて、気づいたことがありました。翻訳家・村岡花子（一八九三〜一九六八）さんの生涯をつづったドラマです。貧しい農家出身の主人公が東京のミッションスクールに編入してきます。女学校です。その場面で、明治時代のお嬢さまがたは色も柄もそれぞれ異なる着物に袴をつけ、制服ではないのです。

同じ生地で同じ形の制服は工業製品ですから、軍人には配給できても女学生にまでそろえる生産力がなかったという背景があるでしょう。見方をかえれば指示するだけで秩序が保てた時代でもあったのでしょう。ドラマですから、史実とはちがうかもしれません。でも、それなりに取材して時代の空気を伝えているはずです。調べてみると、ドラマのモデルとなった学校で制服が考案されたのは昭和二年だといいます（『カナダ婦人宣教師物語』東洋英和女学院）。

ついでに、昭和の女の子の必読書『赤毛のアン』（新潮文庫）も読んでみました。筆者は昭和の男の子ですから、読んだことはありませんでした。『赤毛のアン』を読み解くキーワードのひとつは、「腹心の友」です。

物語の冒頭でアンは、孤児院の制服である綿毛交織《まぜお》りの服を着てあらわれます。そして、隣りに住むダイアナと腹心の友の誓いをたてるのです。物語は友をこんなふうに定義しています。「仲のいいお友達のことよ。心の奥底をうちあけられる、ほんとうの仲間よ」。あるいは、「あたたかい感情が、いつでも交流して」いること。村岡花子著『腹心の友たちへ』（河出書房新社）というタイトルのエッセイ集も出版されているから、翻訳家自身の生涯のキーワードであったのかもしれません。

ところで、仏教経典では友をどう定義しているのでしょうか。なじみのある言葉を探せば、次のようになるでしょう。なじみがあるといっても、経典自体が知られているのではなく、あの時引用されて、忘れられない言葉になりました。

「與《あた》へ難《がた》きを能く與《よ》へ、作《な》し難きを能く作し、忍び難きを能く忍ぶ。是れ親善の友なり。密事を相語り、互に相覆蔵《あいふくぞう》し、苦に遭って捨てず、貧賤を軽んぜず、此の如き七法を、人能く行ずる者は、名づけて親友となす。」（『四分律《しぶんりつ》』巻第四十一より）

そうです。昭和二十年八月十五日の詔勅にある「堪え難きを堪え、忍びが難きを忍び」の一節のもとはこの経典だったのです。『四分律』は中国で翻訳された、集団生活を営む僧の生活規則集です。経典の一節を経蔵から引っ張り出し、歴史の転換点に立ち会わせたのは三島市の龍澤寺《りゅうたくじ》住職、山本玄峰《げんぽう》老師であったといいます。

老師の生年は慶応元年（一八六六年）とも慶応二年ともいう。ほんとうのところはよくわからない。捨て子でした。寒い一月に、和歌山県湯の峰温泉の源泉近くで籠の中に入れられ瀕死の状態で見つかります。息も絶えようかという赤児にお酒を吹きかけると生き返ったとか。それゆえ、お酒にまつわる逸話も多い。はじまりがお酒ですから、おわりもお酒です。九十六歳で遷化するときも葡萄酒を所望し、「旅に出る、きものを用意しろ」と短く言ったという。

遷化されて十年後に出版された『回想山本玄峰』（春秋社）は、お弟子さんをはじめとして友人知人が、それぞれの玄峰老師を描いています。その中でもっとも長文を書いているのは田中清玄（一九〇六〜九三）氏です。

清玄氏に冠せられる言葉は、「ロビイスト」「黒幕」「転向者」など。そんな人物と玄峰老師との出会いは、昭和十六年春です。共産党員として治安維持法で逮捕され十一年の刑期を終えた清玄氏は出所した翌々日に玄峰老師を訪ねます。「共産主義に代わる自分の道は何か」を求めてでした。

その後、龍澤寺で雲水同様の修行を始めた昭和の黒幕は、次のように回想します。

「昭和二十年八月十二日、鈴木（貫太郎）総理に宛てられた老師の手紙に、こういう一節があったという。これからが大事な時ですから、忍びがたきを忍び、行じがたきを行じて、体に気をつけながらやって下さい」

人の物語は、本人が語ったのでは単なる自慢話になってしまう。本人以外に語る人がいて深くなり、語る人の魅力によって本人の輝きも増すもののようです。

7 菊を葬式の花に使うとはもってのほか

菊を採る東籬の下　悠然として南山を見る――陶淵明

もってのほか

菊の季節でした。数人が集まって食用菊の話になりました。どこそこの菊の三杯酢が美味しいとか、いや菊の天ぷらだ、と話がもりあがったとき、新潟県出身の女性が口を開きました。

「何と言ったたって、もってのほかよ」

彼女の故郷で紫色の食用菊を「もってのほか」というらしい。いかに美味しいかを彼女は熱く語るのですが、いくら自慢されても経験したことのない者には空しく響くだけです。その空しさが記憶に残っていたある日、彼女から「もってのほか」が送られてきました。さっそく湯がいて口にしてみます。菊特有のえぐみも苦みもない。筆者がそれまで食べてきた食用菊はなんだったのだろうか。それをお礼の言葉とともに、彼女へ伝えると誇らしそうに応えました。

「あったりまえよ。もってのほかの中でも、特別なのを送ったのだから」

確かにあの時のは、格別な一品だったにちがいありません。なぜなら、あれから一度も送ってくれないのですから。

それにしても、もってのほかとはこっけいなネーミングです。語源は諸説あるらしいけれど、想定外に美味しいから。もしくは、皇室のご紋の菊を食べるのはもってのほか、とも。

菊と皇室が結びついたのは鎌倉時代、後鳥羽上皇（一一八〇〜一二三九）が大の菊好きで、衣服や刀剣などに文様として用いたのが起源だといいます。起源ではありますが、十六弁の菊花が皇室の紋章となったのは、「明治四年、四民平等、みな姓を与えて家紋を定めさせたというときにはじまる」。そう教えてくれたのは、白川静著『桂東雑記Ⅰ』（平凡社）です。長い歴史がありそうなのが、思いのほか新しかったりするものです。

さて、上皇は藤原定家（一一六二〜一二四一）に命じて『新古今和歌集』を編集させたことでも知られます。藤原定家の子孫は、今も京都に屋敷と伝統をまもる冷泉家です。現当主夫人の冷泉貴実子さんが『冷泉家歌ごよみ』（京都新聞出版センター）で次のように述べています。

「菊は中国原産の花である。日本へは長寿の効用の伝承とともに入ってきたが、ヨーロッパには、その思想はなしに花だけが伝えられたようだ。欧米人はこの花を墓参するときに好んで持っていくらしい。その習慣が近年日本に入ってきて、今、白菊というと葬式を連想するのは、この美しい尊い花への悲しい、浅はかな流行でしかない」

あっぱれなことばと、感心してばかりでは、葬儀で導師をする僧侶として恥ずかしい。浅はかな流行がいつ頃からなのか調べてみました。といっても自分で調べたわけではない。スペインはマドリッドに滞在する翻訳家の木村裕美さんに尋ねたのです。ずいぶん前になるけれど、筆者が雲水姿でヨーロッパのキリスト教巡礼路を歩いて以来の知己です。ＥＵの共通通貨であるユーロが流通する以前から、ヨーロッパに住む才媛が調べてくれた菊情報はというと。

「新聞のコラム等によれば、菊をヨーロッパに持ち込んだのは、フランス人船長で、18世紀末に中国から持ち帰った三種のうち、航海で生きのびた一種が、翌年花をつけた」

現在、船乗りが土がついたままで植物なんかを持ち込んだら、検疫で廃棄処分にされてしまう。でも、三百年前だから許された。さて、墓参あるいは葬儀と菊は?。裕美さんは続けます。

「菊の花がお墓に供えられるようになったのは、19世紀半ばごろから。その習慣が定着したのは、第一次大戦の一周年記念日（1919年11月11日）に、当時のフランスの首相、ジョルジュ・クレマンソーが戦没者の墓に菊を供えるよう命じて以来、という話。ともあれ、伝統や習慣が、宗教と常に強く結びついているこの国で、お墓参りの「菊」はその枠外。

16世紀以降のヨーロッパの画家に必須のシンボル事典には、100種近い花が載っているけれど、いわゆる「菊」は見当たらず。1919年の「戦没者記念日」説を仮に信じるとすれば、伊藤左千夫の『野菊の墓』（1906年）の頃は、日本でまだ菊をお墓と結びつける習慣がなかったのだろうか。何かしらご参考になれば」

参考どころか、この語りを、そのまま冷泉貴実子さんにプレゼントしたい。

捨てた人

菊と仏花の関連を友人知人に尋ねると、だいたいみんな『野菊の花』を話題にします。東京葛飾の帝釈天から矢切の渡しで江戸川を越えたところが、淡い恋物語の舞台です。十五歳の政夫と二歳年上の民子は結ばれることなく、民子は無理やりに他の男と結婚するも嫁ぎ先で流産、あとの肥立ちがわるく息を引き取ります。政夫は七日ごとに墓に参り、野菊を一面に植えるのでした。歌人の伊藤左千夫が、明治三十九年に雑誌『ホトトギス』に発表した小説です。

この場合、野菊を切り花にして墓前の花入れに活けるのではなく、「民さんは野菊のような人だ」という思いから、地面に植えるわけです。菊が墓参あるいは葬儀の花として定着していたならば、政夫と民子の純愛物語のタイトルになっただろうか。

短歌雑誌『アララギ』を創刊した、伊藤左千夫の文芸の師匠は夏目漱石です。漱石にはいくつかの菊の俳句があります。そのなかで最も強烈なのは、知人の大塚楠緒子《くすおこ》の訃報を聞いて、よんだ句でしょうか。

あるほどの菊抛《な》げ入れよ棺の中
この句を、「菊と柩の取り合わせに意外性がない、葬儀に菊の花はつきものですから」と、批評するのは、坪内稔典著『俳人漱石』（岩波新書）です。文豪がそんなありきたりの句をつくるだろうか。楠緒子は漱石の真実のマドンナと噂される女性で、明治四十三年十一月九日に三十六歳で急逝します。十一月ですから、菊の最盛期です。一年中、花屋の店頭に菊がならんでいる現在とは事情が異なるのです。

「菊抛げ入れよ」とよんだ時、漱石の脳裡には、『野菊の墓』も浮かんでいたろうし、憧れていた中国の詩人・陶淵明（三六五〜四二七）の「菊を採る東籬の下、悠然として南山を見る」

の一節があったかもしれません。葬儀と菊がまだ結びついていない時代に、美しく尊い季節の花で、高貴な人を送ろうという風情ではないか。百十数年前の句の素顔は、現代の常識を捨てなければ語れません。

捨てるといえば、漱石のことを「明治時代という立身出世の時代に、立身出世のカードを全部持っていた人で、それを全部捨てた人」と評したのは司馬遼太郎です（『司馬遼太郎全講演4』朝日文庫）。

帝大教授の誘いを捨て、物書きに専念するために朝日新聞に転職し、「入社の辞」を書いたのは、漱石は四十一歳。前述した陶淵明がエリートコースをドロップアウトして、「帰りなんいざ　田園まさにあれんとす」という有名な「帰去来の辞」をつづったのも、四十一歳だという。ただの偶然か。

さて、明治から大正に生きた文学者らが、菊へ抱いた思いは想像できたのですが、菊がいつ頃から葬儀の花になったのかはいまだ不明です。第一次大戦後にヨーロッパで墓参の花となって、その後日本へ逆輸入されたとすると、それほど古くはない風潮かもしれません。だれか調べてみて！と、宿題をなげ捨てるわたくしです。

8　ジェンダーギャップは右か左か

老いるというのは結局のところ　負けを承知の戦のようなものではないか
――若竹千佐子『おらおらでひとりいぐも』

焼香は右手でするのが正しいのか

桃子さんは生まれつきの左利きです。桃子さんは「ひとり孤独を生きる老女」ですが、ある日、六十年以上前のできごとが、ふと記憶に浮かんできます。小学校の運動会の練習で、「右向け右と号令がかかって、だがおらだけ右向け右が分からない」。「隣でタエコチャンが小さな声でお箸を持づほうといった。その途端おらはうわんと泣いた」。

あの時、うわんと泣いたことが、今もどこかに傷として残っているかというと、「桃子さんはくすんと笑う。子供のころを思い出して鼻先で笑えるほどに長らえた」のです。作家、若竹千佐子さんの芥川賞受賞作『おらおらでひとりいぐも』(河出書房新社)のワンシーンです。

桃子さんの左利きを心配した父とばっちゃ(祖母)は、幼いころから食事のときに、左手を手拭いでまいて、矯正したという。「矯正」と書きましたが、矯正とは「欠点をなおし、正しくすること」と、辞書にはありますから、「左利きを矯正する」は、適当な言い方ではありません。左利きは欠点ではなく、右利きが正しいわけでもないのですから。

思うに、右利きの人が多数だから、世の中の仕組みがほとんど右利き用に作られているだけ。そうは言っても、漢和辞典で左のつく熟語をみると、しょぼくれた言葉が多い。たとえば、「左遷」とか「左前」。でも、「左うちわ」や「補佐」なんていう言葉もあるから、悪いイメージばかりではない。日本でいえば、明治以前の「右大臣」「左大臣」は、「左大臣」の方が官位が上だから、右と左の関係はどうなっているのかわかりません。

このような状況を「あるいは左をたっとび、あるいは右をたっとぶ(尚左《しょうさ》尚右《しょうう》)」というのだそうだ。つまり、右と左の優位は、時代によって異なり、断定しがたいのです。

なのに、あるエチケット指南書は、「念珠を手に持つときは、左手で房が下になるようにして持ちます」と、言いきります。断言するからには、左手で持つ理由をのべて欲しい。しかし、こうしたマニュアルの多くが、根拠をしめさずに言いきります。なぜか。斎藤美奈子著『冠婚葬祭のひみつ』（岩波新書）は、次のように内実を明かしてくれます。

「マニュアルの書き手は既存のマニュアルを参考にするから（途中略）、常識だ、しきたりだと威張っている人にどこで知った？と聞いてみよう。たいていは聞きかじりか、よくてこの種の本（冠婚葬祭マニュアル＝筆者注）だから」

孫引きなので、根拠を明らかにできないのです。ならば、左手で数珠をもつ理由を、筆者が述べましょうか。

「右手で香を手向けるのが普通で、右手に数珠を持つと、焼香のじゃまになるから」

左手に特別な意味があるわけではなくて、なめらかに美しく動こうとすれば、おのずからそうなるだけのことです。

ついでに、某冠婚葬祭マニュアルが、焼香のしかたをどう教えてくれるか見てみましょうか。

「右手の親指、人さし指、中指で抹香の一つまみをとります」

親指、人さし指、中指なんて余計なお世話。粒状のものをつかもうとしたら、その方法がいちばん便利にきまっています。

この著書の編集者へは、中国・元の時代に編集された『勅修百丈清規』にある、次の一節をおくりたい。祝節という行事での、焼香のしかたを示しています。

「住職を補佐する侍者は、高座に登り、左手で上香（焼香）し、身体の向きを転じ坐具をさげて頭を低くする（侍者座に登り、左手に上香し身を轉じ坐具を提げて問訊す）」

左手で焼香する時もあるので、「右手で焼香」とは断定できないのです。「右でなくては」「左でなくては」という頑固な主張を捨てた時、もっと楽しく生きられるはずです。そうすれば、冒頭で紹介した小説の主人公・桃子さんも、うわんと泣かなくてすんだのに。

左襟前を捨てたコムデギャルソン

右にも左にも、こだわらなければよいのですが、おのれの基準としている生活様式を捨てきれないのが人間というもの。あの玄奘三蔵法師ですら、捨てきれない人でした。

玄奘三蔵法師は七世紀はじめに、唐の都・長安からひとり、中央アジアの砂漠を行き、天にも届く山脈を越えてインドにたどりつき、その旅程を丹念に記録しています。水谷真成訳『大唐西域記』（平凡社・中国古典文学大系22）の第一巻第二章に、次のような一節があります。玄奘は生まれ育った唐のくにを「人主の地」と呼び、お国自慢をくりひろげます。

「人主の地は機敏で仁義は世に明かである。服装は冠をかぶり、紳帯をつけ右襟前で、車や服の制には序列がある」

それに対して、

「宝主の郷《くに》は礼儀なく財貨を重んじる。服は短く左襟前にし、髪をきり髭をのばしている」

宝主の地とは、当時のササン朝ペルシアで、今でいうイラン・イラクの広大な地域を支配した強国です。

しかし、すべてが唐とは正反対。なかでも、服の左襟前は玄奘にとって許せない習俗のようです。言うまでもなく、右襟前というのは、真っ正面の相手から見て、右の襟が前になる着方です。現代の日本では、男性用が右襟前で、女性用は左襟前です。

玄奘の頃の中国では、左襟前は騎馬民族の衣裳です。一年中、馬に乗って流浪するから、左襟前の方が乗馬しやすい。つまり蛮族の衣裳だというのです。わが日本では、奈良県明日香村で発見された高松塚古墳の壁に描かれた装束は、男女ともに左前。高松塚古墳は、玄奘法師がインドへ渡った時代よりも、数十年遅れた七世紀末から八世紀初めに造られたらしい。

もうひとつ、左襟前がきらわれる理由があります。左襟前は死装束です。日常とことなることをして、悲しみの連鎖を断ち切ろうとする装いです。

さて、中国社会では、蛮族の風習であり、死人の着方であった左襟前を、現代の女性が着続けていることに疑問をもったテレビ・マンがいました。鈴木肇氏です。鈴木氏はＮＨＫの超大型企画「シルクロード」のディレクターでした。玄奘三蔵が歩いたルートを追いかけて思います。鈴木肇著『悠々シルクロード』（集英社）から引用します。

「男より下等に扱われ、野蛮人が着るものだとさげすまれた左襟前を、のほほんと着て、ハイ、これがパリコレよと得意顔である。女たちよ、いったい何を考えているのだ」。

鈴木氏は激しく女性を批判するだけではなく、変革者を見つけます。コムデギャルソンを創作したファッション・デザイナーの川久保玲さんです。テレビ・ディレクターは続けます。

「コムデギャルソンとは、フランス語で少年風を意味する。その少年風とは何か。女性たちのファッションに右襟前をとり入れたのである。（途中略）気づいてみれば、どうっていうこともない、まさに、コロンブスの卵といっていい。そう、革命である」

革命なんて大げさな、と思うけれど、何のことはない。ネタは日常にころがっているのです。

4章 黙る

1 こんな時はやってはいけないSNS

地球が太陽をひとめぐりするあいだ土の中で眠って芽をだす日を待っている種のように、待つことだ。ことばがおまえの中で熟しきるまでには、それくらいの長い時が必要なのだよ

――ミヒャエル・エンデ『モモ』

蕎麦屋にて

すこし前の夏でした。長野県上田市にある蕎麦屋に立ち寄りました。蕎麦の香りがきちんとして、量が多くて安いと評判の老舗だから、お昼時には行列ができてしまう。だから、十一時の開店前から並びました。

開店と同時に広くはない店へ入り、ひとり分の席を確保するとすぐに満席になりました。隣

の食卓をみると、女子大生らしいのが三人。彼女らはイタリアン・レストランでパスタをチョイスするのは得意でも、こんな店は異次元らしい。ガイドブックを取り出しておすすめを調べて、やっと注文をすませました。ほどなくして筆者にはもりそばの普通盛り。普通盛りといっても、一般の店の三倍はあろうかというてんこ盛り。眺めただけで、幸福になってしまうのです。隣の席をちらりとのぞくと、天ぷらとざると真田《さなだ》そばが運ばれていました。ここから、彼女らの食前の儀式がはじまります。スマートホンで蕎麦の写真を撮影するのです。それを見ていたお店のおばちゃん。つかつかと近寄ってきて言いました。

「お嬢ちゃんたち。お蕎麦がのびてしまうから、写真を撮るまえに早く食べて！」

彼女らはインスタグラムとかツイッター、LINEで友人たちに今の自分を写真つきで発信したかったのでしょう。蕎麦屋にとっては迷惑な行為でしょうが、この程度だったらおばちゃんの一喝ですみます。でも、人の生死に関わる投稿となると、ややこしくなってしまう。

読売新聞の「人生案内」（平成二十九年五月七日付）にこんな投書が紹介されていました。四十代の主婦・O子さんからです。

「父が亡くなった日、夫と子どもの3人で飛行機を乗り継いで実家に向かいました。空港で、夫はベビーカーを押す私の写真を撮り、悪気もなく、（合掌。義父急逝）とSNSへ投稿したのです」

そんな夫の姿に、O子さんは不満をおぼえます。

「父を亡くした私の写真を、当日に世界中の友人と共有する気持ちが理解できません」

しかし、O子さんは悲しみに動揺している自分を見つめる、冷静な眼をもっています。

「父の死のショックや一人暮らしの母を思う不安を、夫への怒りにすり替えているのかもしれませんが」

便利な道具が普及しはじめた時に、誰もが経験しそうな落とし穴です。

道《い》わじ道《い》わじ

落とし穴は、災いをまねいたり人を不幸にする仕掛けがそこにあるとわかっていれば、だれもひっかかりはしません。いくら若者が使いこなしているSNSだといっても、まだこの世に現れて月日の浅い道具《ツール》だから、トラブルを起こすワナが共通の認識になっていないのです。

ならば、どうすれば良いか。江戸時代の禅僧、道鏡慧端《どうきょうえたん》禅師（一六四二〜一七二一）は、遺偈《ゆいげ》で次のような言葉を遺しました。

「坐して死す／末期の一句／死は急にして道《い》い難し／無言の言を言とす／道わじ道わじ」

死はどんな言葉でもいい表せないから何もいわない、というのです。確かに、黙して語らなければ他人を傷つけることはないのですが、これは案外と難しい。たとえば、悲しみのどん底にいる人を元気づけようと、言わなくてもよいおしゃべりをして気まずくなった、筆者の大失言を白状します。

月遅れのお盆も過ぎた残暑の日でした。ある壇家さんが亡くなったとの訃報が電話で伝えられました。七十歳代前半の男性です。枕経に行きました。遺された奥さんに型どおりのお悔やみを告げて、お経を読みました。帰りは、ご長男の車で送っていただきました。車中では、数か月前には夫婦で海外旅行へ出かけるほど元気だったのに、不治の病が見つかり短い入院生活で帰らぬ人となってしまったことなど、聞きました。ご長男は当然の事ながら落胆しています。何とかして、はげまさねばと思い筆者の口から出たのが、言ってはいけない言葉でした。

「良かったじゃないですか。ピンピンコロリで」

クーラーの良く効いた車中に、冷気が流れます。それまで、饒舌だったご子息が沈黙しました。気まずい空気のなかで筆者は、ミヒャエル・エンデの童話『モモ』（岩波書店）の一節を思い出していました。

「地球が太陽をひとめぐりするあいだ、土の中で眠って芽をだす日を待っている種のように、待つことだ。ことばがおまえの中で熟しきるまでには、それくらいの長い時が必要なのだよ」

ところで、慧端禅師の遺偈にある「道う」と「言う」はどうちがうのか。「道う」は、「恁麼《そのように》道う（碧巌録）」とか「速やかに道え（臨済録）」なんていうふうに禅の語録ではよく使われる語法ですが、一般的にはなじみのない読み方かもしれません。

簡単な常用漢字だけれども、珍しい読み方だから大学の入試問題にときたま出題されるようです。高校生用の参考書、『漢文学習必携』（京都書房）には『同訓異字の重要語』にあげられていて、「言う」は「思うことを口で述べる」と説明され、「道ふ」は「言葉でいいあらわす」と解釈しています。わかったようでわからない説明ですが、「道う」の方が深遠なイメージでしょうか。

さて、「鏡を道う」と号した道鏡慧端禅師は、臨済宗中興の祖と仰がれる白隠禅師（一六八五～一七六八）のお師匠さんです。中興の祖の師匠ですから、大きな寺に住して、あまたの修行僧を指導したかというと、そんなことはない。信州飯山の正受庵で母親と孤高に暮らします。

母親は、真田家に連なる大名の側室だったといいます。つまり、慧端禅師の父親は藩主ですから、それなりの待遇で育ちます。が、そんな境遇を捨てて、今風にいえばシングルマザーとの生活を選んだわけです。死ばかりでなく生もまた「道わじ道わじ」なのかもしれません。

さあ、結論です。話を新聞の悩みごと相談に投稿した、四十代の主婦の体験談にもどします。彼女はインターネット上でペットの日記や食べものレポートがあふれて、「いいねボタン」なんていうのがある空間に、自分のどうしようもない悲しみを公開されたから怒っているのです。怒りの原因が公開にあるわけですから、動揺している妻の姿をインターネットには公開せず、夫が記録のためだけに写真を撮って、自分でそっと保存しているというのは一般論として許されるでしょうか。やはりだめでしょう。夫の不愉快な行為として記憶にのこるはずです。なぜなのか。だって、そんな写真をいつ見るのですか。

具体的に数年後の夫婦の会話を空想してみましょうか。悲しみで我を失っていた妻の写真を、夫がしばらくぶりに取り出したとします。夫は思い出を語ります。

「あの時は悲しかったたね」

妻はこんなふうに応じるでしょうか。

「あなたは悲しみの外側にいたから、写真なんて撮れたのね」

おー、怖っ!。一枚の写真を撮る前に、黙ってあれこれと考えなかった因果です。

2 ひとつになってみる

濡れながら若者は行く楽しそうに濡れゆくものを若者と言う

――永田和宏

私どもの業界では、
お出かけ用の
おしゃれな作務着は
「作務しない着」
と申しております

車窓から見えたすごい看板

ひとり旅のよいところは、沈黙の時間がおおくなることです。沈黙の時間がおおいと、普段は見逃してしまう小さなものにも気づきます。所用で、愛媛県宇和島から松山へ向かう、ＪＲ予讃線の列車に、ひとりで乗っていました。

晩秋のミカン畑がおだやかにつづく山並みを、激しくもなくゆっくりでもないスピードで、特急「宇和海」は走っていきます。窓からは暮らしが見えます。洗濯物が見えて、廃屋も見えます。単線の鉄路に平行して、二車線の自動車道があります。道際に高さが大人の背丈くらいで、白くべた塗りされた地色に、黒字のペンキで漢字八文字だけの看板がありました。単純だからこそ、文字を引きたててきちんと読み取らせてくれました。

最初の四文字は「年中無休」です。二四時間営業の保育所まで出現した今、休まないことに驚きはしないけれど、次の四文字を読むと妙に感心してしまう。その四文字とは……、「毎日営業」。「年中無休、毎日営業」。すごいキャッチコピーだと感激するのは筆者だけでしょうか。いくら、「休まない」「休まない」と連呼しても、インパクトはないけれど、「休みが無い」という否定と、「業を営んでいます」という肯定との対比があるから、頭のなかに鮮明な映像がえがける。そう、感心するのです。

なんてことに驚いているうちに、筆者を乗せた列車は山間を過ぎて、平らな眺めがひらけてきました。松山駅に近づいている気配がわかります。二泊三日の旅行中、頭陀袋に入れて読み続けていた文庫本、伊集院静さんの『ノボさん』(講談社文庫)も最終頁に近づいていました。『ノボさん』の副題は「小説・正岡子規と夏目漱石」です。この小説によれば、松山生まれの子規は六歳のとき、「父、常尚が大好物の酒が原因で身体をこわし病死する」。そして、外祖父の大原観山から漢詩漢籍の手ほどきをうけます。作家はこう書きます。

「観山はこの孫にいきなり漢詩を素読させた。（途中略）漢籍という大きな根をそっくり子規に与えてみたのである。（途中略）これを受け入れる器があれば後になって、その根から幹は伸び、枝葉は放っておいても盛り大樹となる」

大樹の緑陰が育てたのか、筆者が移動していた宇和島から松山までは、秀才天才鬼才があまた生まれている不思議な土地です。

例をあげると、子規の後継者の高浜虚子は松山で、大江健三郎は内子町が生誕地。ダダイスト詩人の名が冠せられる高橋新吉は伊方町出身、現代の俳人・坪内稔典氏も同郷。最近でいえば、テレビ番組でタレントの俳句を査定して人気の夏井いつき先生は伊予の最南端・愛南町出身です。作家詩人俳人ばかりでなく、ギャグ漫画の谷岡ヤスジは宇和島で、映画監督の大森研一は砥部町といった具合。禅僧も生まれています。江戸時代中期に鎌倉禅中興の祖と仰がれる誠拙周樗《せいせつしゅうちょ》禅師の故郷は宇和島ですし、昭和が終わる頃、京都紫野の大徳寺派管長をつとめた中村祖順老師も佐田岬三崎町の出身です。

ＪＲ予讃線の宇和島から松山までの営業距離は96・６キロ。その間につらなる、筆者が思いつく著名人をあげてみました。まだまだ、おられるはずです。これって、凄くない！

こんな凄い風土に、冒頭で紹介した八文字の看板は建っているのです。だから、「無休」と「営業」を並べたのは漢詩の対句の技法を駆使している。そう書いたら失笑をかうでしょうか。

雨に唄えば

対句の漢詩ときいて誰もが思い出すひとつに杜甫の、「江は碧にして鳥は愈よ白く、山は青くして花は燃えんと欲す」があるでしょうか。「江」と「山」、「碧」と「青」、「鳥」と「花」、「白」と「燃」がそれぞれ対語です。こうした基本的なほかに、ハイレベルな対もあるようですが、「ペアになっている、と言う以外、定義のしかたがないものである」と教えてくれるのは、加地伸行著『漢文法基礎』（講談社学術文庫）です。

ペアですから二つです。一つでなく、二つを対比させてものごとを見る、というのは古代中国人のお得意の思考だったようです。つまり、私たちを取りまくのは、明暗、冷熱、火水、天地、男女、善悪、吉凶、生死などの対立する二つの要素から成り立つとする陰陽説です。陰陽説は常にペアですから、いわゆる二元論です。

これに対して、「ひとつになれ」というのが禅です。禅の主要なテーマですから、「ひとつになった」祖師方の逸話はずいぶんとあります。ずいぶんとある中から、妙心寺開山・関山慧玄禅師（一二七七〜一三六〇）の、ある日の会話を再現してみましょうか。

今風にいえば、花園上皇（一二九七〜一三四八）のお住まいをリノベーションして、寺院（妙心寺）とした関山禅師は、枯淡な日々を続けます。痛んだ居室に、突然雨がふってきました。

「師は器を持ってきて、雨漏りのする個所にあてるように人を呼んだ。ある小僧が急いで竹ざるを持ってきた。師はそれを大いに賞賛した。別の小僧は手桶を探して来た。師は罵って言った。この馬鹿者と」（妙心寺遠諱局編『関山慧玄禅師伝』春秋社）。

雨漏りには雑巾が必要だろうか、それとも笠か、桶か、と対策を練った小僧さんよりも、瞬間に躍動した小僧さんを良しとしたわけです。つまり、雨をさける方法を問題にしているのではない。わしの投げかけた言葉に即座に応じてみろ。わしの言葉とひとつになってみろ、というのです。この会話の原本は、『正法山六祖伝』にあります。関山禅師が遷化されたのち、およそ百三十年を経て、東陽英朝禅師（一四二九〜一五〇四）が脱稿した伝記です。

雨にちなんだ祖師方の消息をもうひとつ。関山禅師のお師匠さまは、大徳寺を開創した宗峰妙超禅師（一二八二〜一三三七）です。禅師の道歌に、「蓑《みの》はなし 其の儘《まま》ぬれて行程《ゆくほど》に 旅の衣に 雨を社《こそ》きれ」があります（平野宗浄著『大燈禅の研究』教育新潮社）。旅の途中でとおり雨がふってきたが蓑はない。そのまま歩くと、雨を着て歩いているようだ。といった意味でしょうか。雨と蓑は対です。「対」の字を使った熟語に、敵対とか対抗があります。雨を避けるために蓑をつければ、雨に対抗して敵対することになります。それほどの雨ではないから「濡れていこう」。濡れてみたら、自然とひとつになって晴れ晴れとした、という気分です。

そんな気分は禅をきわめた人の境涯だ、なんてあきらめないでください。日常でもみられる光景です。歌人の永田和宏さんの『百万遍界隈』（青磁社）に、次の歌が収められています。

「濡れながら若者は行く楽しそうに濡れゆくものを若者と言う」

筆者が住職する寺の門前を、男子高校の生徒が朝晩自転車で突っ走っていきます。そう言えば、彼らが傘をさしているのを見たことがない。雨に濡れるのは若者の特権なのだろうか。いや、大徳寺開山さまのように、たまには天地とひとつになって濡れてみよう。「万法一如《ばんぽういちにょ》」、という禅語もあるのですから。自然を取りもどす、いちばん手近な方法です。

さて、冒頭で紹介した伊予路の看板です。「年中無休、毎日営業」の八文字は憶えているのですが、何の店の看板だったかは定かではありません。うーん、沈黙の静けさのようで、もう少し語らねば、広告としては失敗作か。

3 落葉が黙って教えてくれること

婆々の魂胆、泥棒手引き／青い坊主に、可愛い娘添わす／今夜その娘が、このわし抱けば／枯れた柳も、わき芽がでそう

——一休宗純『狂雲集』より 柳田聖山現代語訳

『最後の一葉』から『葉っぱのフレディー』への変化

筆者は一年中、朝は六時に、夕方は五時に梵鐘をつきます。ときどきサボったりもしますが、だいたいの人が「それは、大変！」という哀憐の情にプラスして、「たまにはお坊さんらしいことをしているんだ」と、少しばかり尊敬のまなこをむけてくれます。

哀憐と尊敬の眼をむけてくれるのはうれしいけれど、鐘の音を聞いている人にはわからな

い、つくものだけにあたえられる大きな所得があります。年中同じ時間につくから、季節の移ろいが敏感にわかるのです。

春がまじめに訪れて、満開になった梅の花が散りはじめた朝でした。三月上旬です。鐘をつきながら、境内の欅の木をみてきづきました。葉がすべて落ちているのです。なんて、書くと、少しばかり向けられていた尊敬の思いが、軽蔑に変わるかもしれません。

「カエデもイチョウも欅の葉も、秋に落ちて冬が始まるころには、まる裸になるのでは。三月に葉がないのはあたりまえ」

そんなふうに思うのは、自然と会話をしていない、無粋ものの発想です。確かに、冬の始めにはほとんどの葉は落ちます。でも、何十枚かは落ちずに年を越してお正月を迎えます。そこまで残った何枚かはねばりつよい。雪が降ってもおちません。多くの読者が、「温暖化の影響ではないか」と言うでしょう。筆者も同じように思って、出入りの植木屋に尋ねました。科学的な根拠はないかもしれないけれど、現実と向き合っていることばには説得力があります。

「春先に新しい芽をだす支度ができたから、古い葉を押しだすんだよ。全部が落ちたのは終わりではなくて、はじまりさ。和尚さん、そんなのも知らなかったの！」

脚に藍色の脚半《きゃはん》をまいた職人から、古葉が新葉に命をゆずる自然の摂理を教えられて、思いだした絵本がありました。『葉っぱのフレディー』です。二十世紀末、アメリカの教育学者、レオ・バスカーリアの原作で、日本でも翻訳され話題になったからご存じの方も多いでしょう。

葉っぱのフレディーが、心の奥底をうちあけます。

「ぼく 死ぬのがこわいよ」

フレディーの親友のダニエルがこたえます。ダニエルは誰よりも大きなカエデの葉です。

「緑から紅葉するとき こわくなかったろう? ぼくたちも変化しつづけているんだ。死ぬというのも 変わることの一つなんだよ」

フレディーは初雪の朝、痛くもなくこわくもなく、枝をはなれて雪の上におりました。初雪に散るのもきれいですが、冬の間、枝にしがみついて春先に新しい葉へ、いのちをゆずって散った方が、もっと深い物語になったのでは。これは、お正月の縁起物として、親が子に代をゆずるという意味の、「ユズリハ」を珍重する日本人の発想かもしれませんが。

もうひとつ、落ち葉で思い出すのは、O・ヘンリー著『最後の一葉』でしょうか。おおよその筋道は知っているつもりでも、正直に白状すれば、小学校のときの国語か道徳の教科書でみた記憶だけで定かではありません。そこで、大久保康雄訳『O・ヘンリー短編集』(新潮文庫)を購入したのでした。

原文翻訳版を読んできがついたのですが、話の舞台はニューヨークのグリニッチ・ヴィレッジだったのですね。遠い昔の幼い時にはわからなかったけれど、今その名をきくと、映画のロケに使われる、れんが造りの古い建物の映像が浮かんできます。おしゃれな街で肺炎にかかり死を間近にした絵描きのジョンジーを助けるために、やはり絵描きのベアマン老人が、十一月の嵐の晩、一枚の蔦の葉を壁に描くという短編小説で、書かれたのは二十世紀初頭です。

落葉は春先に完結する、という珍説を発見した筆者としては、十一月に蔦の葉が散りきってしまうストーリーに異論はありますが、それよりも、二十世紀初頭には、自己を犠牲にして葉を粉飾し命を与えるのが小説のテーマだったのに、二十世紀末には死は変わることのひとつで自然だという絵本が流行る。この時代の変化は、何なのか。

捨てただけでは修行もなかば

さて、平成二十三年の宮中・歌会始の御題は「葉」でした。御題によせた当時の皇太子妃雅子さまの御歌です。

吹く風に舞ふいちやうの葉秋の日を表に裏に浴びてかがやく

雅子妃がこの歌を詠まれた時、もしかしたら次の句が頭のなかにあったかもしれません。

うらを見せおもてを見せてちるもみじ

良寛辞世の句です。辞世ではありますが、みずからよんだ句ではありません。最晩年の弟子、貞心尼が代作しました。筆をもつ力も残っていなかった師匠に代わって、弟子が生涯を総括する句をよんだのです。

良寛にはもうひとつ辞世の歌があります。こちらは、元気な頃にみづから作ったもので、与板(現長岡市)にある商家・山田屋の下女「よせ子」におくったのです。よせ子は良寛のことを「ほたる」とからかいます。ほたるは夕方にとんできて甘い水をすう夏の虫です。良寛もよせ子が働く商家の台所に夕方やってきて、甘い水、つまりお酒をそっと一杯口にして、草庵へ帰っていったのでしょう。

そんなよせ子が、急にわかれの歌を良寛に求めます。よせ子の身に異常事態が発生したので

す。詳細は不明ですが、遊女にでも売られて生き別れになるのか。求めに応じてよんだのが、

形見とて何かのこさん春は花夏ほととぎす秋はもみぢば

よせ子といい貞心尼といい、とどのつまり良寛さんは女性にもてたわけです。特に名前を隠しますが、現代の高僧と慕われる某師が「良い坊主は女にもてる」、とおっしゃっていました。あぶない話になったから禅の語録にある、少しあぶない「婆子焼庵《ばすしょうあん》」という話を紹介します。中国は宋の時代の『密庵録』や『虚堂録《きどう》』に収められています。

ある婆さんが二十年も青年僧をみずからの庵に住まわせます。娘に給仕させてあつく接待します。さいごに娘に言いふくめて、僧に抱きつかせて、ご気分はと問う。僧はこたえます。「ぬくもりの気配などない、枯れきった境地です（枯木寒岩《こぼくかんがん》によって三冬暖気無し《さんとうだんきな》）」

婆さんは、脱けがらに用はないと、僧を追いだし庵を焼きはらったといいます。

何が、婆さんのお気に召さなかったのか。「捨てただけでは修行もなかば。葉を落としたのは枯れたわけではなく、新しい芽吹きをまっているだけ、そこを聞かせてみよ」。それが婆さんの問いかけでした。禅は素直には合格点をくれません。

4 あの時、お釈迦様はひる近くまで黙って立っていた

河童忌や棟に鳴き入る夜の蝉——内田百閒

入手困難な一冊

それほど古くもないし、安くはないけれど超豪華本でもない一冊の本が、入手しずらくなっているようです。『鈴木大拙全集第二十六巻』（岩波書店）です。初版は二〇〇一年（平成十三年）十一月で定価は八千円也。初版の翌年から品切れで、重版の予定はないという。

「禅」を「ZEN」という表記で世界へひろめた鈴木大拙博士（一八七〇～一九六六）の全集は、一九六八年が最初で、その後二回、都合三回にわたり編集出版されています。つまり、三

種類の『第二十六巻』が存在しています。入手困難なのは、三回目に刊行された、『増補新版第二十六巻』です。ネットで古書を探しても、見つからない。

全四十巻揃いでは流通しているのですが、前回刊行の全集を師父が買い求めていて、すでにわが書棚に並んでいます。重複する巻もあるから、この巻だけがほしいのです。が、皮肉にもこれだけが手に入りにくい。入手困難になっている理由は、容易に想像できます。

前二回の全集には未収で、三回目の全集で始めて収録された仏教説話が、第二十六巻に掲載されているからです。「蜘蛛《くも》の糸」です。「蜘蛛の糸」といっても、芥川龍之介（一八九二〜一九二七）のそれではありません。鈴木大拙訳「蜘蛛の糸」です。

大拙訳「蜘蛛」は、芥川龍之介が二十六歳の時に書いた小品の原話だというのが定説になりつつあります。なにしろ、芥川の『蜘蛛の糸』は児童文学の名作ですから、研究者が多い。普段だったら、鈴木大拙なんて興味をもたない人までが購入したから品切れになって、古書にも出回ってこないのが実情でしょうか。

入手困難な理由を、特定することはできたのですが、手にとって読むことはできません。どうしようか。国会図書館へ行って閲覧したのです。

『蜘蛛の糸』の最終場面はあったほうが良いか、なくて良いか

やっと手に入れた鈴木大拙訳「蜘蛛の糸」です。「訳」というからには翻訳ものです。原典はドイツ系アメリカ人で、哲学者のポール・ケーラスが一八九四年に書いた、『Ｋａｒｍａ』です。Ｋａｒｍａを直訳すれば「業」ですが、そんな無粋な訳語を大拙博士はつかいませんでした。『因果の小車』としました。

日本での初版は、一八九八年（明治三十一年）に東京・長谷川商店から発行されています。龍之介が『蜘蛛の糸』を発表したのは、一九一八年（大正七年）ですからつじつまは合います。つじつまは合うのですが、他にもいくつかの自薦他薦の原話候補があります。筆者が知っているだけでも、ふたつあります。

ひとつは、『聖女カタリーナ』というお話しです。エスピノーサ原作・三原幸久編訳『スペイン民話集』（岩波文庫）で読むことができます。ヨーロッパ全土では、おなじみの民話らしい。文庫本三ページにおさまる短編で、修道女と聖母マリア、主イエスが登場するけれど、『蜘蛛の糸』とそっくりなストーリーです。

もうひとつ、ドストエフスキー作『カラマーゾフの兄弟』第七篇に、「一本の葱」という話

があります。意地悪婆さんが死んで、火の湖に投げこまれてしまう。天使が神様の許可をえて、一本の葱を婆さんに差し出し火の湖から引きあげようとします。婆さんは自分の後ろをついてくる餓鬼どもを足でけ散らして、さけびます。「わたしの葱だよ」。これらを龍之介が本当に読んでいたかは不明だけど、世の中には似た話があるものです。

いずれにせよ、ポール・ケーラスも、自分で創作した説話ではなく、芥川龍之介にしても、何かから題材をとっているわけです。作者みずから「原話はコレ」と指定していたならば、探しまわる手間がはぶけたのに。もっとも、原話が特定できないから、いろいろな人がさまざまな推論をたてて論争がわきあがり、それが楽しいのかもしれません。

さて、大拙訳『因果の小車』です。『因果の小車』は全部で一万字あまり。山賊の首領、摩《ま》訶《は》童《どー》多《た》の物語で、五つの話からできています。

ある日、摩訶童多は山賊同士の争いにやぶれて、創《きず》をおいます。地に伏した首領を通りかかりの行脚僧が介抱します。摩訶童多は前日にその僧を襲っていたのでした。首領は言います。

「昨夜吾等のために苦しめられたる人ならずや、(途中略)わが命を助けられんことは余りというへば勿体なし」

それに対して僧は、善因善果、悪因悪果は「天の道」と諭し、犍《かん》陀《だ》多《た》の物語「蜘蛛の糸」を説き聞かせるのです。説話のなかのたとえ話という、すこしばかり複雑な構成になっています。だからでしょうか。芥川龍之介は山賊の話はすべて省いて、「蜘蛛の糸」だけに集中します。

大拙訳「蜘蛛の糸」は字数にして。一九〇〇字あまり。それに対して龍之介『蜘蛛の糸』は三四〇〇字ほど。字数が八割増えています。どこが増えたのか。ご存じのとおり、芥川『蜘蛛』は三章からなっています。(一)章は、「在る日の事でございます」とはじまり、蓮の花が咲く極樂の様子を、すごみのある丁寧語でつづりますが、この部分は原話にはありません。

そして、「お釈迦様は極樂の蓮池のふちに立って」と書き出される、最終部分(三)は、すべて龍之介が創作したものです。原話にはない(三)について、おもしろい話題を提供してくれる「調査」がありました。

文部科学省が平成十九年におこなった「全国学力学習状況調査・中学国語B」に『蜘蛛の糸』全文が出題されたのです。「調査」といっても、ありていに言えばテストです。日本の児童・生徒の学力低下が指摘され、平成十九年に第一回がおこなわれました。中学三年生向けの設問のなかで、次のように問いかけます。

(『蜘蛛の糸』の最終場面はあったほうが良いか、なくて良いか。中学生の中山さんはない方が良いと言い、木村さんはあったほうが良いと言ってます。それでは、あなたはどちらに賛成

しますか。その理由を八十字以上、百二十字以内で書きなさい）

このテスト問題の作成者も、大拙訳と芥川作の「蜘蛛の糸」を読み比べていたのだろうか。解答は、中山さんと木村さんのどちらの意見に賛成してもよく、全体として筋道が通っていて自分がどのように考えたかを説明することができていれば、正答になるようです。

これは難しい問題ですね。犍陀多があとについてくる罪人に「下りろ。下りろ」といったので、糸は「ぷつりと音をたてて絶れ」て、「後には唯極樂の蜘蛛の糸が（途中略）短くたれているばかりでございました」。これで終わっても、余韻がのこって名作です。

しかし、完全な創作である（三）は、どうしようもない人間への総括です。解決できないことへの答を導きだす元気が、この時の龍之介にはのこされていたのです。

そして、「極樂ももう午に近くなったのでございましょう」という原話にない結びのことばで、物語の時間の経過がわかります。お釈迦様は朝から午近くまで立ちどまって、池の中の様子をじっとみておられたのです、半日の間、黙ってみつづけるなんて、筆者にはとうていできない大悲です。なんて答えたら、字数オーバーでテストの正答にはならないだろうな。

5 ことばの少ない映画

疑いながらも、念仏すれば、往生す――法然上人

卒哭忌の映画

梅雨とはいえ、太陽が顔をだして暑い日でした。東京・新宿駅から京王線の普通電車に乗り、下高井戸駅でおりました。駅から歩いて数分のところにある映画館へ行くためです。私が住む街に映画館がないわけではありません。でも、私の街の映画館では、封切りの映画しか上映してくれません。

その日、観ようとしていたのは台湾の監督が台湾の資本で二〇一五年に作った作品で、タイ

娘のおかげで「ラ」の位置を知る

トルは『百日告別《ひゃくにちこくべつ》』。人の死から百日後に営まれる仏事を、卒哭忌《そっこくき》といいます。初七日忌《しょなのか》からはじまって、四十九日忌までの仏事を経て、百日忌で如何にして泣くのを卒《お》わらせるかをえがいた映画です。そんな映画を大手興行会社は配給してくれません。二〇一七年の春から夏にかけて全国各地のミニシアターで上映されましたが、関東地方では四つの劇場だけ。

どこでも観られるわけではないし、一週間だけの上映だから初日にいきました。土曜日の午後からのオープニングなのに、定員百名の劇場で観客は三十人ほど。観客の年齢は若者から高齢者までいろいろですが、男女比でいうと女性の方が多いでしょうか。

映画は台北郊外の高速道路上での玉突き事故のシーンから始まります。凄絶な現場を写すカメラの背後に流れているのは、ショパンのピアノ曲。その事故で婚約者をうしなった女と、身重の妻を亡くした男が主人公です。生き残った二人に面識はありません。それぞれの場所で、それぞれの生活を送ってきた二人は、山の上の寺へ別々にやってきて、初七日忌法要に参列します。

寺の受付で、「四十九日間法要カード」という小さな冊子が渡されます。そして、阿弥陀さまがまつられたお堂で、見ず知らずの数十人が一緒にお経を読みます。

妻を亡くした男と婚約者を亡くした女は法要の作法もわからず、配られた経本もどこを読んでいるのかわからない。お経なんて声になりません。はじめての経験です。二人には、仏教儀礼への疑いの表情も浮かんでいます。信じることができないのに、なぜその場所に来たのか。自分の意志なのか。それとも、誰かから強要されたのか。

『徒然草』の第三十九段に、法然上人の言葉として次の一節があります。

「疑いながらも、念仏すれば、往生す」

映画のなかの男と女も、ひざまずき釈尊の教えを声高らかによむ場所へ来たから、物語がはじまります。

百日に別れを告げて

この映画は、一九七六年生まれの林書宇《トムリン》監督が、二〇一二年に妻を亡くした経験から作られています。監督自身はキリスト教信者ですが、亡くなった妻が仏教徒だったので、初七日忌から百日忌まで寺へ通って構想が浮かんだといいます。

こんなシーンがあります。監督の現実とは異なり劇中では、キリスト教信者だった亡き妻の友人たちが、落胆する男の家にやってきます。伝統的なキリスト教団ではなく、新興教派なのでしょうか。賛美歌を歌い「肉体は滅びようとも主と共にある」と祈ってくれます。友人のひとりが、生前の妻の話をして慰めてくれるのですが、「私も数日前に愛犬を亡くしたの」と涙ぐむ女性もいます。無神経な慰めです。男は耐えきれなくなって叫びます。

「ふざけるな。神はどこにいる、答えてくれ」

そして、二七日忌《ふたなのか》。男と女は再び山の寺へ、別々に向かいます。お堂でも、離れてすわります。一週間前と同じです。変わったのは、お経を読む二人の声が少し大きくなったことでしょうか。監督は仏教に好意的です。でも、批判も忘れません。こんなシーンもありました。

交通事故の直後です。婚約者を亡くした女は、婚約者の故郷・高雄で行われた仏式の葬儀に参列します。告別式の最後でしょうか。僧侶の姿はすでになく葬儀社が主導する、そらぞらしい進行にたえられず斎場を飛び出して行きます。

ところで、亡くなった後の七日毎の仏事とは何なのかを確認しておくと、ストーリーがより鮮明になります。釈尊以前のインドの古い思想で、生を終えてから次の世界に四十九日間で生まれ変わるとされていました。輪廻転生《りんねてんしょう》です。生まれ変われるのだから良いことじゃないですか。ただし、どこで、何に生まれ変わるかは、生前の行い次第。生前の所行を七日毎に審判するのが、閻魔《えんま》大王ら七人の王です。故人はすでに善根をつめないから、遺族が代わって七日毎に追善の供養をするわけです。しかし、仏教には、我として固執すべきものがないという、無《む》我《が》説があります。まして、禅は「身心一如」と教えます。身体と心は一体です。肉体が滅んだら、霊魂も消え去ると考えます。

でも、禅僧のはしくれである筆者は初七日忌の法要をするし、四十九日忌法要もします。矛盾です。しかも、三途の川や閻魔大王が出現する冥土の旅の物語は、現代人にとって説得力があるのでしょうか。矛盾して説得力がないことを、なぜ続けているのか。それは、どうしようもない悲しみから起ちあがるのに、きわめて有効な儀礼だからです。

映画でも、四十九日忌に山寺からの帰り道、女は男に語りかけます。

「法要は死者の供養というけれど、毎回死んだことを私たちに思い出させて、手放させるための期限みたい」

疑いながらも、ゆったりと儀礼に身をまかせてみたら、光りが少しみえてきた二人です。

四十九日忌を過ぎると百日忌まで格別な仏事はありません。女はハネムーン予定地だった沖縄へひとりで旅をします。男は、亡くなった妻のピアノ教室の生徒たちに月謝を返済して回ります。第一章で紹介した仏教説話の主人公、キーサゴータミが亡き子を生きかえさせるために、芥子の実を求めて、街中を歩きまわったのと同じ風景ではないか。

男と女のもだえ苦しむ日はつづきます。それでも、夢で「起きる時間だ」という声が聞こえてきました。卒哭です。山の上の寺で百日忌法要をすませた女は、帰りのバスのなかで男にたずねます。男の左手には、事故の後遺症で包帯が巻かれています。

「まだ治らないの」

男がこたえます。

「じきに治るさ。いつかは分からないが」

ことばの少ない映画の最後の台詞です。黒い画面に白い文字で「百日に別れを告げて」というタイトルバックが写し出されました。エンディングの映像が流れても、起ちあがる観客はひとりもいません。さすがに、マイナーな映画を、ミニシアターまで観にくる人はお行儀がいい。すべての映像が終わりホールに薄明かりがついてから、梅雨のきれまの陽の光が差し込むロビーへ出て行きました。ロビーで耳に入ってきた三十歳前後の男性二人の会話がおもしろい。

「うちの祖父《じい》さんが亡くなった時は初七日と四十九日だけはやったような気がするけれど、それ以外はしなかったな。同じ仏教でも台湾とは習慣がちがうのだろうか。それにしても、百日間ただ悲しんでいただけの映画じゃないか」

わかってないなぁー。

6 やんちゃな宮さまの遺言

神垣やおもひもかけずねはんぞう　――松尾芭蕉『笈の小文』

一枚の和紙

絵画も書も黙っていて、何の音も発しないけれど、なにかの拍子に語りかけてきてくれることがあります。小さな一枚の和紙があります。幅は六センチ、長さが二十五センチ。一行が十七字詰めで三行だけの写経本です。

「応永十九年北野天満宮一切経大般若経巻四〇六」という由緒書が添えられています。読みやすい楷書体で、強く太いけれど優しい筆致で経文が墨書されていました。

誰かが一冊の写経本を裁断して、何十もの断片を作って売り払ったのでしょうか。古美術店巡りが趣味だという、近くの寺の老和尚からいただいたのです。

ところどころに虫食いの跡がみえるから古いものかもしれない。けれど、切れ端ですからそれほど価値があるとは思えず、安物の額にいれたままで、毎日仕事をする寺務室の壁にかけてありました。

目につくところに飾ってあったので、天神さんと写経の組み合わせがずうっと気になっていました。なんで、神社に大般若経六百巻があるのか。生来のなまけものゆえ、だらだらとつづく仕事を止めて、調べるほどの意欲はおきません。やはりもらったものには、格別の興味はわかないのです。

興味はなくても、いつも目にしていれば、知らぬまにからだの奥底へしみわたっているのが、おそろしい。ある日、寺務室で塔婆書きをしながら、ふと気がついたのです。経文と天満宮の関係を解きあかすキーワードは、神仏習合だと。なんで、そんな簡単なことに気がつかなかったのか。恥ずかしい。

塔婆を書くのを止めて、書棚に目を向けました。こんなこともあろうかと、少し前にネットで買い求めた古書で、読まずにほっておいた本を探したのです。瀬田勝哉編『変貌する北野天満宮』（平凡社）です。古書とはいえ、二〇一五年初版で三百八十ページにおよぶ大著です。

なんで、出版されて日も浅いのに、古書として仮想空間に並んだのか。どなたかが贈呈本を、売り払ったのです。幾人かの手を経て、筆者の書棚に止まったその本のなかに、次のような記述があります。

「中世、北野社への参詣人は坂の向こうに見えてくる巨大な屋根にまず驚かされたことであろう。それは今は存在しない北野経堂の屋根である」

現在、京都の北野天満宮へ行っても、仏教経典との関係をうかがわせるような形跡は何もありません。目前の現実だけが真実と思い込むのが浅はかです。北野天満宮は室町時代以降、何千巻もの経典を書写して所蔵読誦する仏教施設を併設していたのです。神仏習合です。

習の字には、「重なる」という意味があります。ふたつが溶けてひとつになったわけではなく、神さまと仏さまがそれぞれの主体を失うことなく重なり合う。この重なり具合が筆者の想像を絶するものでした。今の寺院や神社の姿は、明治以降のたかだか百五十年ほどの歴史で、以前はもっと違う形だったと一枚の紙切れが伝えてくれたのです。

北野天満宮の経堂は明治三年（一八七〇年）に、廃仏毀釈で取り壊されます。所蔵されていた膨大な経典の大部分が近くの千本釈迦堂（大報恩寺）に移され、昭和五十六年に重要文化財に指定されています。しかし、混乱のなかで行方知らずになった欠本もあるという。ならば、わが手もとにあるのは、断片でなければ重要文化財と同様のお宝なのか。あわてて粗末な額から取り出して表具店へ送り、大枚をはたいて掛け軸に仕立て直したのです。

ただし、その後のことです。馬場久幸著『北野社一切経の底本とその伝来についての考察』（佛教大学総合研究紀要）という論文が教えてくれました。北野天満宮『大般若経』は一行が十四字だというのです。わが写経は先述したように十七字。限りなく贋作《がんさく》にちかい。一篇の古写経をくださった古美術店巡りが趣味の老和尚に伝えたいのですが、すでにこの世にはおられない。学問の神さまの天神さんが、笑っているでしょう。「無学な仏僧たちよ」、と

やんちゃな宮さまの遺言

目の前の現実しか見ようとしない、おのれの浅はかさに恥じいり、少しばかり神仏習合と廃仏毀釈の周辺を調べていたら、ある人物の存在を知りました。山階宮晃親王《やましなのみやあきらしんのう》（一八一六〜九八）です。どんな方だったのか。深澤光佐子著『明治天皇が最も頼りにした山階宮晃親王』（宮帯出版社）によれば、徳川慶喜が次のように評したといいます。

「あの御方（筆者注・晃親王）は行状の点から言ってあまり正しい方ではない」

なぜ、十五代将軍にそう言わしめたのか。晃親王は幕末に伏見宮家の長子として生まれながら、「言わば口減らし」のために山科・勧修寺の門跡となるも、二十六歳で女性と駆け落ち。それがもとで、四十九歳まで謹慎生活を余儀なくされたからです。

その後、僧侶から還俗し宮家を設立し、維新の動乱を経て明治天皇の信頼を得ます。晃親王も他のお公家様と同じように、京都から東京へ移り住みますが、五年ほど暮らしただけで京都へ戻ってしまう。お茶の老舗「一保堂」の名付け親は晃親王だというから、十五代将軍の評とは異なり、京都の町衆からは慕われていたのです。そして、明治三十一年に八十三歳で亡くなるまで京都ですごします。遺言には、次のようにありました。

「私の亡き後は仏式の葬儀をして欲しい（仏葬仏祭ニ被成候）」

この遺言が物議をかもします。なぜなら、「維新以後皇室祭祀の典礼が定まり、先帝孝明天皇の三年祭以来は、絶えて仏儀を用いられることがなく、葬礼もまた神祇式に依られているため」（山階会編『山階宮三代』）。

枢密院に諮《はか》られますが、仏式の葬儀は許可されません。そこで、明治天皇は侍従長の名で「公には神道の葬儀をするが、内輪では仏式の葬儀をしても差し支えはない」との書簡をおくります。もしかしたら、晃親王は仏式の葬儀など認められない事は承知の上で遺言に記したのではないでしょうか。それは、絶妙の間合いで重なりあっていた神と仏の接着を、無理やりにはがした明治政府への警鐘ではなかったのか。

ところで、平成二十八年八月。当時の天皇陛下は、ビデオメッセージで次のようにおっしゃいました。

「天皇の終焉に当たっては、重い殯《もがり》の行事が連日ほぼ二か月にわたって続き、その後喪儀に関連する行事が一年間続きます」

これはご自身の御経験からのお言葉でしょう。しかし、昭和天皇の大喪の礼は、明治以降三代の天皇の様式でしかないのです。孝明天皇（一八三一～六六）の三年忌までは皇室も仏教徒だったわけですから。このことについては、『大法輪』誌が平成二十四年十二月号で七十頁にもわたり「知っておきたい天皇と仏教」と題した特集を組んでいます。その中には、「天皇の葬送儀礼と泉涌寺」という玉稿もあります。

歴史はひとつの流れとして語られますが、せき止められて地中にもぐり、ふたたび瀬音をきくことのできない流れもあると、一枚の和紙が黙って教えてくれました。

7 道をつくろう

どこかに通じている大道を僕は歩いているんじゃない——高村光太郎

本歌取りしたテレビコマーシャル

会話をしていて、固有名詞が浮かばないことがあります。お若いかたからは、老化現象とわらわれてしまいますが、

「あれ、アレ。ここまで出ているのだけど、なんて言ったっけ」

すこしの間、のたうちまわって「あれ」をみずから割り出した時の爽快感といったらありゃしない。しかしながら、今どきは誰かがスマホで検索して、あれの正体をすぐに探し出してく

れるのも味気ない。

その場にいる者は、「あれ」が何なのかを共有しているから、会話は成立します。黙っていてもわかりあえる、共通の認識があるというのは大事なことです。が、いつしか「同じ花をみて美しいと言った二人の心と心が通わなくなる」のも世の常ですから、ご要心。

ところで、日常の会話だけでなく、共通の認識を前提にして成り立つ文芸のテクニックがあります。本歌取《ほんかど》りです。古い名歌の一部を、意識的に取り入れて新作を作る技巧です。本歌を知らないと、まったく意味が通じない場合もありますし、深い面白みを味わうこともできない。例をあげてみます。

山頭火（一八八二〜一九四〇）の句に「鴉《からす》啼いてわたしも一人」があります。前書きに、「放《ほう》哉居《さい》士の作に和して」と記されています。尾崎放哉（一八八五〜一九二六）の「せきをしてもひとり」を拝借してつくった、とことわっているわけです。

ふたつの句をもとに、俳人の坪内稔典《ねんてん》氏がもう一句作ります。「屁をするは二人」。解説がなければ意味不明なこの句は、坪内稔典著『四季の名言』（平凡社新書）から引きました。

引用といえば筆者の拙い文章を、「引用がおおすぎる」、と酷評した知人がいます。「他人の褌《ふんどし》で相撲をとっている」、と批判するのです。相撲は褌ではなくて、まわしでするものだと思うのですが。

引用がしきりに登場する言い訳をすれば、自分自身のオリジナルな話題なんて、そうありはしないのですよ。みんな借り物です。永六輔さんの作詞した歌にあるじゃないですか。

「生きているということは／誰かに借りをつくること／生きていくということは／その借りを返していくこと」。

なんて、また引用してしまった。筆者の文など、借りっぱなしで返済していませんが、一休さんの『狂雲集』しかり、良寛さんの『草堂詩集』だって、中国の大詩人や、禅の語録から拝借した言葉を中心にして作られています。

そこで、不勉強な筆者などは、訳注をかたわらにおいて、「ここは、杜甫の詩からの引用ね。そこは、蘇東坡か」と感心するばかり。しかし、一休や良寛と同時代に生きたインテリは、訳注などよまなくても、「ふふーん、やるな。こんな詩集を読んでいるのか」と、わかったのでしょう。

世の中、みんな借り物だから、借りるのはよいけれど、借りたら明記するのが礼儀というもの。ところが、「このくらいはいいだろう」と黙って使っちゃうのは品性が悪い。そういえば、エチケット違反ギリギリのテレビコマーシャルがありました。平成二十八年の初夏に放映された、某企業の「道をつくろう」という広告です。

男性や女性、老人と子どもが荒野を歩き続ける素敵な映像に、こんなナレーションがそえられています。

「道をつくろう。世界が生まれたとき、そこに道はなかったはずだ。たくさんの人が歩けば、その足跡はやがて道になる」

道にもいろいろあるけれど、先人が敷いてくれたルートを素直にたどっていくのが大好きななまけ者には、「世界が生まれたとき、そこに道はなかったはずだ」の一節は新鮮です。でも、このフレーズには本歌があります。いくつかを紹介してみます。

「道程」の本歌は？

テレビCM「道をつくろう」の本歌その一は、魯迅《ろじん》（一八八一～一九三六）の『故郷』です。『故郷』は全部で八千字余りの小説です。いくつかの理由と、短編であるがゆえに、現代の各出版社が発行するほとんどの中学国語教科書に掲載されています。

魯迅は一九〇四年九月から一年半にわたり現在の東北大学に留学し、中国へ帰国後の一九一九年（大正八年）に一家をあげて北京へ移転します。そのとき、ふるさと（中国・江南地方の紹興城内）へ帰った体験をもとにした小説です。次の一説は、この小説の結びのフレーズです。

「思うに希望とは、もともとあるものともいえぬし、ないものともいえない。それは地上の道のようなものである。もともと地上には道はない。歩く人が多くなれば、それが道になるのだ」

テレビコマーシャルの本歌というよりは、そのものズバリの一節は、竹内好訳の岩波文庫版から引用しました。訳註によれば一九二一年に発表されたとあります。

本歌その二は、アントニオ・マチャード（一八七五〜一九三九）の詩集『カスティーリャの曠《こう》野《や》』（一九一二年刊行）にある一節です。畏友で翻訳家の木村裕美さんの訳でご紹介します。

「歩く者よ／君の足跡が道になる、それだけである／歩くものよ、道はない／歩くごとに道はできるのだ〈後略〉」

マチャードはスペインのセビリアに生まれ、高校教師をつとめるかたわら詩を書く一生でした。晩年はスペイン市民戦争でファシスト軍に抵抗し、フランスへ亡命直後に客死します。この詩には曲がつけられCDにもなっていて、スペイン語圏ではおなじみの愛唱歌なのです。

もうひとつ、誰もが思いつくのは高村光太郎（一八八二〜一九五六）の「道程」です。「僕の前に道はない」ではじまる九行の詩ですが、初出の時は、百行余りの長い詩であったことは、あまり知られていません。筆者が目にしたのは、『高村光太郎全集・第十九巻』（筑摩書房）に異稿として収められていました。異稿は、「どこかに通じている大道を僕は歩いているんじゃない」と書き出されています。

禅坊主の筆者が「大道」と聞いて思い起こすのは『無門関』です。『無門関』は十三世紀に中国で刊行された語録です。その「自序」に次の四文字があります。「大道無門《だいどうむもん》」。大いなる道は出入りが自由で、無限の道がある、といった意味でしょうか。

言葉の使い方は、無限にあります。同じ言葉を使ったからと禅の語録と詩人を結びつけることはできません。だが、光太郎は一九〇六年に欧米へ留学するため旅立つ時、彫刻家の平櫛田中からはなむけに『無門関』を贈られています。この消息は、角田敏郎氏の論文「高村光太郎と禅宗無門関」（『言語と文芸』誌所収）が教えてくれました。あまりに有名な「道程」の本歌は禅の語録にあった、と書いたらこじつけと失笑をかうでしょうか。

ともかく、ユーラシア大陸の両端で、同時代に生きた詩人と小説家が同じ言葉を紡いだのは偶然だったのか。それともおたがいに知っていたけど、黙っていたのか。テレビCMの一節に、いくつもの本歌が隠されているのだから、はるかに広くて、奥行きがふかい。

8 沈黙の凄み

ふりむくな　ふりむくな　後ろには夢がない——寺山修司

黙って過去をふりむくものを大人という

「黙」という漢字を分解すると、「黒」と「犬」になります。毎度お世話になっている白川静著『常用字解』（平凡社）は、黒には「墨」の音があり「だまる、しずか」の意味だと、教えてくれます。ならば、「だまる」ことと「犬」の関係はというと、古代中国では、近親者を亡くしたのち、喪に服するにあたって、犬をいけにえにし土に埋め、「三年黙して以て道を思った」という。犬には建物や器物を清める力があると、信じられていたようです。

死という不可解なものを遠くへ追いやるために、身辺を清浄にして、おのれが歩んできた道を静かにふりむいたわけです。「ふりむいた」と書いて（書くと言いながら、パソコンのキーボードをたたいているのが現実ですが）、思い出してしまった詩があります。「さらばハイセイコー」というタイトルで、寺山修司著『競馬への望郷』（角川文庫）の巻頭に掲げられていいます。字数にして一三〇〇字余り、一四〇行にもおよぶ詩です。

「ふりむくと／一人の少年工が立っている／彼はハイセイコーが勝つたび／うれしくて／カレーライスを三杯も食べた」、とはじまり、詩人は全部で十七回もふりむいて、「失業者」や「車イスの少女」、「一人の老人」など、おのおののハイセイコーを詩にします。

そして、最終部で「ふりむくな／ふりむくな／後ろには夢がない」と、思い出すのをやめようとします。「だが忘れようとしても／眼を閉じると／あの日のレースが見えてくる／耳をふさぐと／あの日の喝采の音が／聞こえてくるのだ」。そう書いて、詩はおわります。

読者の中には、「ハイセイコーってなに？」と、おっしゃる方がいるかもしれません。ハイセイコーは一九七〇年生まれの競走馬です。競馬に興味なくてもかまわないけれど、その異色な生い立ちから、社会現象にもなった出来事なので、教養として知っておいたほうがよいかも。なんて言うと、たぶんこんなリアクションが聞こえてきます。

「だって、一九七〇年なんて、生まれてなかったもの」

そんな反応をしめす方へは、マルクス・トゥルリウス・キケロ（BC一〇六～BC四三）の次のことばをおくります。

「自分が生まれる前に起きたことを知らないでいれば、ずっと子どものままだ」

キケロはローマの政治家で雄弁家で文人だったといいます。古代は雄弁家という職種があったのだろうか。ともかく、黙って過去をふりむくものを大人という。

手あかのついた言葉は使わない

ふりむくことができる自分の人生は、どうがんばっても一つです。長命で充実した人生を歩んだとしても、実際に経験する事は限られてきますし、思い出や記憶は一人称で語られます。だから、体験だけではなくて歴史に学べと、キケロは教えているのでしょう。

二千年前のローマ人に言われなくても、現代日本には小説やテレビドラマなど、歴史をあつかったものは多い。そうしたよそゆきの歴史ではなくて、身近なものから勉強してみましょうか。寺には過去帳というのがあります。寺に関連する故人の戒名と没年を、代々の住職が記した書類で、写真撮影はもちろんのこと、コピーや閲覧も禁止です。

過去帳は故人の亡くなられた年月日順に記入していくのが普通です。しかし、昭和十八年あたりから、順序がみだれてきます。それは、昭和二十八年頃までつづきます。

筆者が住職する寺は松岩寺《しょうがんじ》といって、埼玉県熊谷市にあります。熊谷ときくと、二〇十八年七月に41．1度という最高気温を観測して有名になってしまったけれど、温暖化なんて言葉もない、あの年の夏はもう少し涼しかったのではないだろうか。

昭和二十年八月十四日の晩に、熊谷はアメリカ軍の空襲をうけます。過去帳には空襲で亡くなられた方が、それから一年ほどの期間に散らばって記されています。生死《しょうじ》という、人間の根源的な記録でさえ、不確かな日々の残像です。松岩寺も、空襲で本堂をはじめとして、ほとんどの建物を焼失したといいます。筆者は純粋に戦後派ですから、幸いながら体験していません。体験はしていないけれど、その時の様子を鮮明に写した一枚の白黒写真があります。

カラーでないモノクロームの写真には、沈黙の凄みがあります。この写真について、次のような文章を書きました。戦後七十年たった平成二十七年の夏、檀家さんへ配付する寺報に掲載したのです。引用してみます。

熊谷の戦災を記録した写真として、しばしば見る写真があります。たとえば、写真集『埼玉の昭和』（埼玉新聞社）には見開きで紹介されて、次のような解説がそえられています。

「佐藤虹二《こうじ》氏の畢生の作品。悲劇の空襲を現在まで語り伝える象徴となった」

この写真の上部に、松岩寺の焼け残った山門が写っています。今でも時たま、「あの写真の門はどれですか」とたずねて来られる人がいます。

確かにシンボル的な写真ではあるのですが、写真集が言うような、カメラマン終生の傑作ではありません。なぜならば、長くはない生涯（一九一一〜五五）でライカを駆使して撮った写真のいくつかが現在、東京都写真美術館やヒューストン美術館に収蔵されているから、一枚だけが象徴的な作品ではないのです。虹二氏は創作ノートで次のように述べています。

「シャッターを切る時あの瞬間の手ごたえは忘れられない。猟人が獲物を落とした時にも似た境地があろう」

一枚の写真は、流れていく時間を止めた果実です。虹二というのは、ペンネームでお檀家さんです。そんな檀家さんがおられたのは、誇りです。

この寺報を配付してから数日後、空襲の時は四歳だったという、ある檀家さんからこんなお便りをいただきました。脳梗塞を発症して、ペンが持てないからとワープロ文字でした。

「戦争の悲劇はいくどとなく報道されていますが。それは後に評価されることで、その場に居合わせた当事者は悲劇という言葉は出ないのではないでしょうか」

手紙を読んだ瞬間、「しまった」と思いました。数週間ほど前に書き終わり、印刷した文章ですから、細部は忘れています。あわてて駄文をみなおして、「悲劇」の文字を探しました。拙い文章を書くときに、手あかのついた言葉はなるべく使わないのを、自分への戒めにしているのですが、やってしまったか。悲しいことを「悲劇」と表現しても、あたりまえすぎて能がない。しかも、あれは劇ではなくて現実だったのですから、いただけない表現です。

おのれの文章を読み直して、ほっとしました、「悲劇」の文字は、筆者のことばではなく、先述した写真集『埼玉の昭和』から引用した文章にありました。

空疎で感傷的なことばは、その場にいた者を傷つけるばかりか、真実を伝えません。そんなことばを使わないためには、どうすれば良いか。おのれが歩んできた道を黙ってふりむき、これからの道を確認するしかないでしょう。モノクロのあの写真のように飾りを捨て事実だけを、積みかさねていこうと思うのですが、むずかしい。

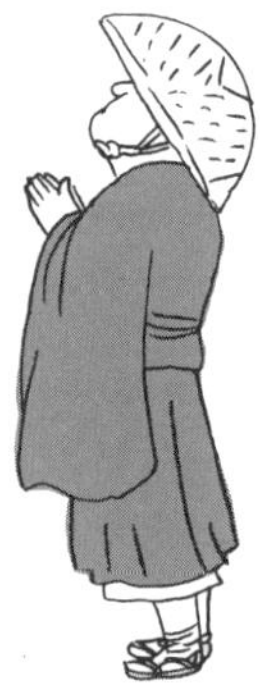

5章 悠々と

1　夢をみますか

古《いにしえ》の真人は、その寝《い》ぬるや夢みず、その覚《さ》むるや憂いなし――『荘子』

ある落書きから

夢といってもいろいろあるけれど、夜寝ているときにみる夢について書きます。筆者も就寝中によく夢をみます。昨晩もみました。夢のなかにいる間は、どんな筋道の夢かわかっています。目が覚めた瞬間も楽しい夢だったのか、こわい夢だったかはおぼえていま す。でも、記憶にのこっているうちに、時間を止めてメモしておかないと、見た夢は幻のごとくどこかへ消えてしまいます。

この少女の場合はどうだろう。メモをとる必要もなく、消し去ろうとしても覚《さ》めることのない夢なのでしょう。

知人がメールで一枚の写真を送ってくれました。故郷の岩手県へ帰って撮影した写真だという。何かとおもえば落書きの写真です。こういう事情らしい。

平成二十三年三月十一日におこった津波で、三陸海岸に面したある小学校の体育館は避難所になりました。数か月が過ぎ、行く先がきまった住民らは避難所をはなれていきました。それから二年、学校の高台への移転や統廃合で、体育館は取り壊されることになります、震災時に避難していた何人かが集まって、悲しかったこと、つらかったことを、壁に書いて体育館へのお礼にしたといいます。

その中のひとつを知人が見つけて、写真にとってきてくれたのです。どういう境遇の誰が書きのこしたかはわかりません。書きぶりから、小学校高学年以上の女の子でしょうか。

「おかあさんへ／いつも本当にありがとうね／いつも夢に出てきてくれて／嬉しいよ／いつも笑顔で優しくてやっぱりお母さんはステキ／体育館がとりこわされても／この場所の事絶対忘れないからね！／本当にありがとう／大好きなおかあさん／天国で私たち家族を見守っててね！／これからもがんばるからね！」

夢でしかあえないから、さびしいし怖いだろうに、

「いつも夢にでてきてくれて嬉しいよ」

というのがせつない。でも、仏僧としてキリスト教の理想郷である「天国」という文字が気になります。だから、次のように言ってもよいでしょうか。

「もしかして仏教徒ならば、お浄土から私たち家族を見守って、と書いて！」。

そんな無粋な注文をはねのける、余白のある落書きです。

夢に出てくる人と出てこない人

ところで、江戸時代に平易な言葉で禅を語った盤珪《ばんけい》禅師（一六二二〜九三）に、次のような問答がのこされています。鈴木大拙編校『盤珪禅師語録』（岩波文庫）から引用します。

「或僧問。それがし熟睡いたした時、夢を見ます事がござります。なんとした事で見ますぞ。此義がうけ玉はりたふございます。師曰、熟睡すれば夢を見はせぬわひの。夢を見るはじゅくすいといふ物ではない。僧、語なし」

盤珪禅師の答えに、拙い解釈を加えれば、「坐禅するのと同じように、ひたすらに寝れば夢な

どみないものを、寝ることと一つになっていないから夢をみて悩むのだ」、とでもなりましょうか。

他にもいくつか例をあげられますが、仏教と夢は、浅からぬ縁があります。だからでしょうか。筆者も夢にまつわる相談をうけた経験があります。ご主人を五十二歳で亡くした未亡人の場合です。亡くなったご主人の四十九日忌のときでした。未亡人がいいました。

「和尚さん。主人が夢にでてきてしょうがないの。私の看病がたりなかったので、恨んでいるのかなー」

こうこたえました。

「人生百年の時代に、その半分で亡くなってしまったのだから、夢にでも出てこなければかわいそうじゃない」

筆者の名回答に満足したのでしょう。夫人は納得して帰っていきました。それから二年後、三年忌法要の時でした。今度は筆者からたずねました。

「どう、最近は夢にご主人でてくる？」

だいぶ落ちついて、未亡人生活を堪能している女性がこたえました。

「ううーん。ぜんぜん出てこない。あっちにいい女でもできたんでしょう」

このように、亡き人が夢枕に立つというのは、良く聞くはなしです。でも、夢に出てこない故人もいます。二十数歳の長男を、病気で亡くした父親にたずねました。一年忌の時でした。

「息子さん、夢にでてきますか」

毎日、夢で会話している。そんな答えを予想したのですが、重いことばが返ってきました。

「いや、夢にはでてこない。でてくると悲しいから、あいつ遠慮して出てこないんだ」

『荘子』大宗師篇に「古の真人は、その寝ぬるや夢みず、その覚むるや憂いなし」という言葉があります。楽しい夢ばかりとは限りません。哀しくさせる夢もあります。だったら、夢など見ない方が楽なのです。もしかしたら、先に引用した「熟睡すれば夢を見はせぬわひの」という盤珪禅師の問答の底には、この『荘子』の文句が横たわっているかもしれません。禅師は、医者であり儒家である父をもち、幼年の頃に出会った『大学』の「明徳」の二字を明らかにしたくて、出家し禅の道へ進んだのですから。漢籍には、深く通じていたのです。

さて、川柳作家・麻生路郎（一八八八～一九六五）に、よく知られた句があります。

俺に似よ　俺に似るなと　子を思ひ
長男のロンドンの誕生によせた句です。ロンドンは本名です。現代のキラキラネームの大先輩でしょうか。次男はアートと名づけて、五女はリリ。ならば、他のこどもの名はというと、次女の御世子は大正七年に二歳で死亡、翌年には三女御幸満も二歳で死去します。

幼な子を次々と亡くし、長男ロンドンも昭和一年に八歳で亡くなります。『麻生路郎読本』（川柳塔社）の年譜によれば、ジフテリアだったという。その一年忌によんだ句があります。

湯ざめするまで　お前と話そ　夢に来よ

この句をみた時、思い出したのは、前述した檀家さんのことばでした。

「夢にてでくると悲しいから、あいつ遠慮して出てこないんだ」

これが、夭折した子の一年忌をどうにか迎えた親の真実の言葉です。なのに、「夢に来よ」はないだろう。川柳の結社を主宰し、新聞雑誌などの選者をつとめた著名な作家も筆がすべって、重層な親の心模様を、月並みな句にしてしまったのか。

麻生路郎の句を駄作と決めつけて、それ以上の詮索もせず、句への思いを止めてみてから数か月後、ふと気がつきました。路郎は、「夢に出て来よ」という句をつくり物語にすることで、三人の子どもを亡くすというむごい体験を、癒そうとしたのではないか。

人は物語をつくり夢をみること、あるいは夢をみないことで、悲しみを消化しようとします。冒頭でご紹介した「いつも夢に出てきてくれて嬉しいよ」、と、亡き母への思いを、壁に書いた少女のように。

2　好く出来た漢《おとこ》

豆腐こそ、悟りきった達人の面影がある――荻原井泉水

めずらしい墨跡

「床の間」とかいて、「とこのま」と読みます。日本間で一段高くなっていて、花を活けたり、墨跡《ぼくせき》をかけたりする場所です。台所やトイレのように、生きるために、どうしても必要な場所ではありません。言ってみれば無駄な空間です。無駄な空間をつくる余裕が、ゆとりを生みます。ゆとりがあれば、困ったとき、あるいは順調な時に、止まってみる勇気もわいてきます。

床の間に、季節な花があり、粋な絵や洒脱な墨跡でもかざってあれば、なおさらです。

「そんなゆとりは、一般の住まいでは無理」

なんていうのだったら、お寺へいきましょう。お寺には床の間があって、季節の花はない場合もあるけれど、なにかの墨跡がかかっているはずです。

墨跡ときいて一般的に思い浮かべるのは、くずし字で読めないし、意味もはっきりしない軸物でしょう。わかりやすい楷書体のものもあるのですが、大多数は判読に苦労します。そこで、「住職のための墨跡読み方講座」なんていうのもひらかれていますが、無精者の筆者は行かない。行かないから不勉強で読めない。だから、「おしょうさん。床の間の軸物はどう読むのですか」。なんて尋ねられても困るから、判読できる墨跡のみを床の間にかざっています。

そうした墨跡のなかで、珍しい一幅を拝見しました。鉄山宗鈍《てつざんそうどん》禅師（一五三二〜一六一七）の書です。生没年からわかるように、戦国時代に生きた禅僧です。禅師は徳川家康（一五四三〜一六一六）に招かれ、現在は埼玉県新座市にある平林寺を再興したことでもしられています。

その平林寺の書画名宝展が、平成二十七年の秋に京都の花園大学歴史博物館でひらかれ、鉄山禅師の墨跡が展示されていました。珍しい一幅と書きましたが、何が珍しいのか。たやすく判読できないのは他の墨跡と同じです。しかし、書の末尾に揮毫《きごう》した語の出典を明記しています。これは、めったにないことです。名宝展の図録によれば、「鉄山の遺墨の特徴」だといいます。

たとえば、「報じ奉る満潮朱紫《まんちょうしゅし》の貴。閻王《えんおう》は懼《おそ》れず金魚を佩《お》ぶることを（この世で身分が高くてお金持ちでも、閻魔さんはそんなものは恐れていない）」と行書でかいて末尾に「右碧巌集之頌《じゅ》」と出典を明らかにします。碧巌とは、中国・宋の時代に編集された禅の語録です。出典の明記は、読む者の学習のてがかりになるようにとの禅師の心配りですが、その頃の墨跡の役目が現代とは異なっていたのではないでしょうか。こう言っては、叱られるかもしれないけれど、今の時代、墨跡の主な役目は鑑賞です。筆のはこびから雰囲気を味わいます。でも、鉄山禅師の時代は、いかに生きたら良いかを教えてくれる標語だったのです。

つまり、禅に関心がある武士や農民、町人が、「人生で転ばぬよう、杖になることばを」と、禅師に頼むわけです。すると、禅師はその人に適した、一句を紙に書いて渡します。いただいた方はいつも目にするところにおいて、生涯の課題としました。だから、ことばの出所を明らかにした方が親切なのです。とは言いながら、墨跡に出典を記すのは、あまり例がないのでは！

孫引き

ところで、現代の臨済宗のお坊さんが、好んで使う随筆があります。俳人の荻原井泉水《おぎわらせいせんすい》（一八八四〜一九七六）の「豆腐」です。

この二年間だけでも筆者は講演のレジュメで二回、教団の月刊誌で一度お目にかかっていますから、かなりの頻度でつかわれています。でも、出典が明記されたものに出会ったことはありません。たぶん、孫引きなのでそう書くのにためらいがあるのでしょう。

書き出しが「豆腐ほど好く出来た漢はあるまい」と、はじまる七百文字ほどの文章です。ご存じの方も多いでしょう。斉藤茂太著『豆腐の如く』（佼成出版社）は、二百頁あまりの全編がこの随筆をめぐっての著作です。

精神科医でもあった茂太先生によれば、（随筆「豆腐」は、彼が主宰した句誌「層雲」に発表された。後に「豆腐哲学」という別の随筆の中にもほぼそのままのかたちで挿入されている）。

こういう場合、初出の『層雲』を調べて引用するのが道理だと思うのですが、茂太先生は後日書き直された「豆腐哲学」から引いています。なぜなのか。

おそらく『豆腐の如く』が上梓された平成六年当時は、句誌『層雲』のどの号にどういう形で載っているのか、簡単には見つからなかったのでしょう。なにしろ『層雲』は、明治四十四年に創刊されて、平成四年に出版がとぎれるまで、八十年にわたり月刊で九百冊以上が世に出ているのですから。

そして、出典を明らかにせず、「豆腐」を孫引きする皆さんは忙しいから、立ち止まって百年前から発行された句誌の一頁を見つける余裕もゆとりもないのでしょう。ならば、暇な筆者がやろうじゃないですか。墨跡にも出典を明記した鉄山禅師のご遺志にならって。

秋のある日の朝、国会議事堂へまっすぐにのびる歩道を筆者は歩いていました。数日前までは安保法制反対のデモがあふれていたという広い道に、人の姿はまばらです。議事堂に隣接する国会図書館を訪ねたのです。国会図書館には納本制度により、近現代に日本で出版されたほとんどの書籍が収められているはずです。

入館して小一時間、検索システムと格闘して、随筆「豆腐」は句誌『層雲』の創刊号から一九三五年までの二十四年間のどこかの号の巻頭に載っていることを探しあてます。『層雲』はデジタル化されていて、図書館内のパソコンならば、ディスプレーで確認できます。でも、対象となるのは三百冊もあるのです。

そもそも埋もれていた名随筆を、掘り起こしたのは誰なのか。それは妙心寺派の僧侶であり布教師の重鎮であった梅原諦愚《たいぐ》師らしいのです。梅原師が自著で「豆腐」を引用して、ふたたび光りをあてたのです。

国会図書館に所蔵されている梅原師の著作を斜め読みします。『暮らしに生かす禅の智恵』（三笠書房）に「禅の人間像」と題して「豆腐」は引用されていました。しかも、『層雲』昭和八年十二月号より、と出典を明記しています。さすが、深い思考と綿密な人柄で慕われた大先輩です。（筆者注＝一九八八年刊『暮らしに生かす禅の智恵』は、その十年前に理想社から発刊された梅原諦愚著『今をどう生きる』を改題した文庫版）

国会図書館のパソコンのディスプレーで昭和八年十二月号『層雲』をクリックします。しかし、十二月号巻頭のタイトルは「柿」です。梅原師の著作の誤植なのか。同じ年に発行された他の号を調べてみます。ありました。「豆腐」は昭和八年十一月号の巻頭だったのです。十一を十二とした間違いです。しかも、「豆腐ほど好く出来た漢はあるまい」というおなじみの書き出しではなくて、「茸《きのこ》が街に出てくると豆腐汁がをいしくなる」とはじまるのです。

八十年前の句誌の一ページをコピーして、図書館を後にしたのは夕暮れでした。有楽町駅まで歩き高架下の居酒屋でカウンターにすわりました。ビールを注文しました。つまみはもちろん冷や奴でした。

3 悠々と響け除夜の鐘

よそう、また夢になるといけねえ――『芝浜』

古典落語『芝浜』

ある人にとっては、「やすらぎ」でも、まったく同じものが、他の人にとっては苦痛になる場合があります。

除夜の鐘について書きます。最近は、「鐘の音がうるさい」との苦情が寄せられ、長年続いてきた年越しの鐘を断念した寺院があるとの報道が流れていました。同じ音色でも、ゆったりとした年越しを彩りもするし、騒音にもなるから難しい。

筆者が住職する寺も除夜の鐘をつきます。幸いに「うるさい」というクレームはまだ届いていません。苦情は聞こえてこないのですが、深夜に鐘をつくというのは、骨が折れる行事です。寒風のなかで参拝客に甘酒を接待して、百八の鐘がおわるのは、午前一時をすぎるでしょうか。

だからといって、元旦は寝坊しているわけにはいかない。朝六時に暁鐘《ぎょうしょう》をうって、いくつかの新年の行事をこなします。若い時はへいちゃらだったのに、齢を重ねてくると寝不足がこたえます。そこで、除夜の鐘をもっと早い時刻につけないかと、なまけ者は思案しました。

定例行事を変革するには、誰もが納得する説明が必要です。「住職が寝不足になるから」ではちょっと格好が悪い。もう少しきちんとした言い訳はないかと最初に行きついたのは、古典落語の『芝浜』です。こんな噺です。

酒におぼれて商いをしない魚屋の熊は、芝の浜で思わぬ大金を拾う。これで仕事に出なくていいと喜ぶ熊さんだが、女房が機転をきかせて、あれは夢だったと言いくるめる。心機一転、酒も断って働いた三年目。噺しおわるのに、小一時間はかかる大作のラストシーンで、畳を入れ替えて借金取りも来ない、しずかな大晦日の夜を過ごす女房が、亭主に福茶をすすめます。その時、除夜の鐘が聞こえてくる。

この情景は大晦日の何時頃のはなしでしょうか。江戸の庶民は、「空が白み始める明け六ツが起床時間。町の木戸が開き、店も開く。六ツ半になると大工など職人が出勤して五ツから仕事を始める。日が沈みきって暗くなる暮れ六ツで、職人は仕事じまい。銭湯に行ってから夕飯を食べる。夜四ツ、木戸が閉まって就寝となる」とは、前法政大学総長・田中優子氏の著書『江戸っ子はなぜ宵越しの銭を持たないのか?』（小学館新書）の記述です。

江戸時代は、一刻《とき》の時間が夏と冬では異なる不定時法を採用していたから、大晦日頃の明け六ツは今の午前六時頃で、暮れ六ツが夕方五時頃。そして、就寝時間の夜四ツは九時半頃になります。『芝浜』の熊さんは仕事を終えて銭湯へ行き、そのまま長屋へ帰ってきますから、除夜の鐘を聞いたのは午後六時か七時ではないでしょうか。

百八の鐘は日課だった

「芝浜」は三遊亭円朝（一八三九〜一九〇〇）が、幕末の頃にまとめたと伝えられるが怪しい。そのため、大正から昭和にかけて刊行された『円朝全集』（春陽堂）と、昭和五十年代に出版された『三遊亭円朝全集』（角川書店）には収録されていない。

平成になって編集された『円朝全集』（岩波書店）には、「芝浜の革財布」と題して、参考作品として収められています。「芝浜」の原話は、江戸時代の中期に起きた実話ではないかという。もともとは本当の出来事でも、落語になるとバリエーションがあって、魚屋の熊も、勝五郎であったり、金さんだったりといろいろです。噺のワンシーンだけで、除夜の鐘を大晦日の深夜につくのは邪道だと言いきるのは、少しばかり説得力にかけます。

やはり、落語でなくて仏教経典や祖師方のひとことが欲しい。そう、思って調べたのが、江戸時代の無著道忠《むじやくどうちゆう》和尚（一六五三～一七四四）の著作です。なじみのない名前かもしれませんが、すごい禅僧なのです。

どうすごいかというと、九二年の生涯で執筆した経典語録の注釈、史伝や禅語の考証などの著作が九百巻余り。数の多さも驚異だけど、研究調査の手法は「今日のカード分類法、更にはコンピューターによる処理法の先蹤《せんしよう》」とは、西村恵信著『禅林象器箋《ぜんりんしようきせん》抄訳』（禅文化研究所）の指摘です。

『禅林象器箋』は、今でいえば、禅学大辞典でしょうか。その中で、『勅修清規《ちよくしゆうしんぎ》』から引いて次のように述べています。中国元代に編集された禅院の規則集が、『勅修清規』です。

「（鐘を）暁に撃《う》つときは、則ち長夜を破り睡眠を警《いまし》む。暮に撃つときは、則ち昏衢《く》を覚し冥昧を疎《のぞ》く（途中略）綜じて一百八下（打）」。

つまり、明け方は眼を覚ますため、夕方にはむさぼりの心を除くために毎朝毎夕、合わせて百八回打つというのです。もともとは、鐘を百八回うつのは大晦日だけではなく日課だったのです。だが、しかし。今現在、毎日合計百八回の鐘をつく寺院はあるだろうか。

道忠和尚は、百八煩悩説も排除します。すなわち、百八は「一年には十二ケ月、二十四節気、七十二候だから、それを足したもの（12＋24＋72＝108）」という『群談採餘』の一節を支持しています。

いくつかの疑問をはらしてくれる、アカデミックな論文を読むことができれば良いのですが。こんな時、筆者には重宝な知恵袋がいます。田中潤学習院大学助教です。日本近世史が専門だという学究と立ち話をする機会をあったので、除夜の鐘の疑問をぶつけてみました。すると一週間後、A4用紙十枚ほどの写しが送られてきました。『江戸町人の研究・第6巻』（吉川弘文館）に所収されている浦井祥子著「江戸の除夜の鐘について」という論文です。

浦井氏は、「明確に江戸時代以前と断定できる俳人・歌人が除夜の鐘を詠み込んだ例」を確かめられないこと。あるいは、日本民俗学の創始者・柳田國男が当時の人は、「日の入りとともに一日が終わる。除夜の鐘をきいては昔からの日本人の年の取り方ではない」（『柳田國男全集第二十巻』筑摩書房）との指摘をあげ、現代人と近世の人びととの生活感の隔たりを説き明かしてくれます。

そして、「江戸時代において除夜の鐘が撞かれていたという事実自体が確認できない」と結論づけます。ならば、全国でほぼ同時刻に聞けるようになったのはいつ頃なのか。

浦井氏は、昭和二年十二月三十一日からＮＨＫが除夜の鐘の放送をはじめたのを探しあてます。昭和のはじめにはすでに、除夜の鐘は深夜につかれていたのでしょう。しかし、東京の浅草寺と寛永寺が除夜の鐘を正式につき始めたのは、もっと遅く昭和二二年十二月三十一日からだといいます。そして、論文のおわりで次のように記述します。

「仮に、村などでの地域的な慣習、もしくは民間信仰的な行事などのひとつとして行われていた除夜の鐘という行事が、近代以降に広く全国的に広まったと考えられるのであれば、その方が自然とも言える」。

なぁーんだ。除夜の鐘を大晦日の深夜につくのは、それほど長い歴史ではないのか。だから、

「我が寺は除夜の鐘を夕方にする」

と、宣言したら猛反対にあって、なまけもの坊主の企ては夢と消えたのでした。

4 断りの作法教えます

自分の本当の価値を知っているのは自分しかない――木原武一

まことに残念ですが

なんで、この本が書棚を占領しているのだろうかと、考えてしまうことがあります。買った時期も動機も、アルコール漬けの我が脳からは、すっ飛んでいます。どこかの書評欄で激賞されていたのか。それとも、本屋の店頭で目について、手に入れたのだろうか。

そんな一冊に、アンドレ・バーナード編著・木原武一監修『まことに残念ですが』（徳間書店）があります。初版は一九九四年で、副題が、「不朽の名作への不採用通知一六〇選」となっているから、内容は想像できるでしょうか。買い求めた動機も時期もはっきりしないのですが、おもしろい本であるのは確かです。

小説家の卵であり、アメリカの編集者でもあるアンドレ・バーナードが、文豪たちへの断りの手紙を集めて一冊にしました。その本の冒頭に収められているのは、パール・バックの『大地』出版への断り状です。いわく、

「まことに残念ですが、アメリカの読者は中国のことなど一切興味がありません」

『大地』の日本語訳は文庫本、上・中・下巻で千二百ページあまり。そんな大作が、アメリカで出版されたのは一九三一年（昭和六年）、日本では満州事変がはじまり、ドイツではヒトラーが台頭しつつあった時代です。

最初に持ち込まれた出版社の編集者が、「まことに残念ですが」とことわりのメッセイジを書いたのは、一九三一年以前なわけで、確かに「中国のことなど一切興味」がなかった時代かもしれません。

その後の世界のゆくえが読めなかったといえばそれまでですが、中国人一族三代の物語はベストセラーになり、作者はノーベル文学賞まで受賞してしまうのですから、「もしかしたら」「採用していれば」と、逃した魚はあまりに大きすぎた。自信をもってはねつけた本が書店の

棚を埋めつくし、二版、五版、十版とじわじわ版を重ねるのを見るたびに口惜しさに震えたでしょう。

断りの決まり文句

たしかに、「断る」というのは難しい行為です。そこで、角をたてず、心を痛めずに断るために、常套句というのが用意されています。ビジネスマンだったら、「わが社には不向き」とか、「時期尚早」なんていう言葉をつかうのでしょうか。

筆者は僧侶というつとめがら、葬儀や年忌法要でよく聞く決まり文句があります。「故人の遺志ですから」という文言です。「それを言ったらおしまいよ」てな感じで、そのひと言で雑音をシャットアウトできるから、当事者は楽です。が、何も言えなくなった不満は、たまって爆発するから、ご注意を。徹底してしまわずに、ある程度の余裕を残しておくのも大切ではないですか。

おそらく終活や冠婚葬祭のマニュアル本には、「故人の遺志を尊重」というフレーズがあるのかもしれません。でも、再生不可能なことばを振りかざしてしまうと不和が生じます。ましてや、故人滅後に作られた遺志なんて場合は論外です。偽りはあやういのです。

寺と寺のつきあいでは、他宗派の場合は知らないけれど、臨済宗に限ると「断り」のエチケットが定型化されています。「拝請《はいしょう》」という言葉があります。一般的に書けば、寺で行う行事への出席を強く要請することです。『日葡辞書《にっぽじしょ》』の拝請の項には、「ヲガミ、ウクル」と、説明されているという。わかりやすい説明です。

日葡辞書は一六〇三年頃に、日本に滞在していたイエズス会宣教師によって、長崎で発刊された日本語ポルトガル語辞書です。その当時の日本の様子が、うかがえる重要な資料です。おがんでまで、出席を請い求めるのが拝請ですから、通常は断ることはできません。しかし、どうしても都合の悪いときもあります。そういう時は、前もって祝儀ならばお祝い（賀儀）を、不祝儀ならば香料（香資）を持参するのがエチケットです。

そして、一般の結婚式などの場合は、出欠席を回答する返信葉書が同封されているのが通例ですよね。でも、断りの作法がきまっていますから、拝請状には出席の有無を返答する葉書を添えるのは失礼とされてきました。そうはいっても近ごろは、礼儀知らずのエチケット違反者も多くなったので、拝請状と出欠席返信葉書を同じ封筒に入れるのが普通になってきました。

それにしても、あの葉書の妙にへりくだった字面《じづら》が気に入りません。「ご出席」「ご欠席」

「ご芳名」「ご住所」と、「ご」の字を連発してもちあげます。かと思うと、返信先には「宛」とか「行」とか、こまかいところまで謙遜する。あれは全部「／」をつけないと、礼儀知らずと言われてしまう。これって、おかしいですよ。出席を懇請《こんせい》している相手を試し、余計な手間をとらせて、印字した文字をわざと消させるのですから。

そう憤慨して、筆者がこの手の葉書をつくる場合は、「ご」抜きにします。ときたま、同じ志をもった葉書をいただくことがあります。その時は、「ヨッ、同志」と心の中で掛け声をかけて、気分良くただちに返信します。

断り方ばかりを書いてきましたが、筆者の人生なんて断られてばかりです。希望した大学からは入学を断られていますし、僧侶になってからも、教団の布教師適任証もいただけずに断られています。

ここで重要なのは、断ったのはおぼえていないけれど、断られたのは記憶に残っているというやっかいな事実です。言いかえれば、人を傷つけたのは忘れてしまうけれど、傷つけられた経験は深くのこるのです。

さて、鮮やかに覚えている断られた葉書を紹介します。三十年以上も前です。筆者が寺へ入る儀式（入寺）の拝請を、ある方へ郵送したのです。すぐさま現金書留でお祝い金（賀儀）

と、欠席の返信が届きました。返信にはこう書き添えられていました。

「郵送で拝請をいただいたから、郵送で欠席をお伝えします」

拝して出席を懇請するのですから、郵送ではなくて、きちんと出むいてきて挨拶しなさいというのです。今では絶滅危惧種になった、気骨があって少し意地悪な禅僧から送られた、思い出に残る断り状です。

このように、受け入れられるのではなくて、拒否されるほうが勉強になります。冒頭で紹介した『まことに残念ですが』の監修者・木原武一氏は、この本のあとがきで次のようにかいています。

「断られた経験のまったくない人などいないだろう。肝心なことは自分を信頼することである。自分の本当の価値を知っているのは自分しかない」

他人の評価なんてあてにならないから、徹底的に何かを求めても、いつも良い結果がでるとは限りません。そんな時、あの人もこの人も断られたのだから、と思えば元気がわいてきませんか。

そして、あなたもわたしも、何かを断って人を傷つけているというのも忘れない方がよい。

5「日日是好日」のひみつ

道は一つしかない。今を味わうことだ――森下典子

読んでから見るか。見てから読むか

もうずいぶんと前になりますが、角川映画のコマーシャルに「読んでから見るか。見てから読むか」というのがありました。昭和五十年代に流行ったキャッチ・フレーズを、平成最後の秋に思い出したのです。平成三十年十月に封切られた映画、大森立嗣《おおもりたつし》監督の「日日是好日」を見ました。助演女優の樹木希林さんが公開の一か月前に逝去して、話題になった作品でした。話題になって、しかもタイトルは禅語だから、見ないわけにはいかない。

見ないわけにはいかないのですが、原作を読んでから見るか。見てから読むか。迷いました。原作は平成十四年に出版された、森下典子著『日日是好日』(飛鳥新社)です。今は新潮文庫で復刊されていて、長い期間にわたり静かに売れているようです。話題の本だけど、読んだことはありませんでした。

普通は『禅語辞典』をはじめとして、「好日＝こうにち」とよむのですが、映画も原作も「こうじつ」とわざわざふりがなをつけているのは、何かおもわくがあるとして、「日日是好日」というよく知られた禅語にまとわりつくのは、「晴れた日は晴れを愛し、雨の日は雨を愛す」的なのんきな解説が多いじゃないですか。実際、映画の公開にタイアップした文庫本の帯には、主演の黒木華さんと樹木希林さんのご両人が和服に身を包んだカラー写真に、「毎日がよい日。雨の日は、雨を聴くこと。いま、この時を生きる歓び」といった文字がくわえられています。

もし原作が、月並みでノーテンキな視点から、この禅語をとらえているのならば映画を見るのはやめよう。映画のチケットは一千八百円で、文庫本は五百五十円だから、読んだ方が安い。映画が封切られて数日がたった夕方、書店で平積みにされた森下典子著『日日是好日』を買いました。副題には「お茶が教えてくれた15のしあわせ」の文字が添えられています。エッセイスト・森下典子氏が大学三年のときに、従姉妹のミチコといっしょに、タダモノじゃない「武田のおばさん」からお茶を習いはじめた記録です。

その稽古場の長押《なげし》にある額が「日日是好日」でした。日本家屋の垂直の柱と柱をつなぐ、水平な柱にかけられた横額です。お茶を始めてから今までずうっと目にしている禅語が、いつのまにか、エッセイスト半生のテーマになったのでしょう。

はじめは「カビくさい稽古事」と高をくくっていた典子さんですが、「女子大生氷河期」といわれる就職難の波をかぶって、卒業後も就職できずに週刊誌の編集部でアルバイト。二十七歳で結婚することになりますが、結婚式二か月前に相手の裏切りから破談に。そして、父親の突然の死など、みずからの人生の季節をたどりながら、二十五年続けたお茶のお稽古からの気づきをつづったエッセイです。なんて書くと、お茶ばかりをやっていた深窓の令嬢の随筆かと思うのは大間違い。典子氏はフリーライターだから、京都・祇園を取材して、舞子さん修行をルポルタージュした、『典奴《のりやっこ》どすえ』(角川文庫)なんて著作もあるのです。

そんな著者の『日日是好日』は、映画のチケットを節約しようとしたケチな禅坊主の予想なんて、見事にうらぎってくれました。「まえがき」の次のフレーズを読んだだけで、いちおう禅の修行をしたことになっている筆者などはガツンと打ちのめされてしまう。いわく、

「生きにくい時代を生きる時、真っ暗闇の中で自信を失った時、お茶は教えてくれる。長い目で、今を生きろと」

「今を生きろ」こそ、一千百年前に中国であの方がおっしゃった言葉の深意ではないか。森下典子もタダモノではないと、リスペクトしてしまうのです。

徹すれば一つになる

一千百年前に「今を生きろ」といったのは雲門文偃《うんもんぶんえん》（八六四〜九四九）禅師です。ただし「今を生きろ」、なんてわかりやすい言葉は使ってくれなかった。「日日是好日」とおっしゃった。なぜ、「日日是好日」が「毎日がよい日」ではなくて「今を生きろ」という意味になるのか。

それは、この言葉が生まれた場面をたどれば明らかになります。禅師が遷化（逝去）されて約一七〇年後に編集された『雲門広録』に、次のような一節があります。

雲門禅師が修行僧にいいました。「十五日までのことは問題外として十五日からのことをひとことで言いあらわしてみよ」。自分で代わって答えました。「日日是好日」。

った筆者の現代語訳ですが、十五日は修行期間（安居《あんご》）がはじまる日、あるいは終わりの日、または半月に一回おこなわれる反省会（布薩会《ふさつえ》）の日ではないか、と諸説あるようです。いずれにしても、節目の日に先生が生徒に「新学期はどうするのだ」と尋ねたわけです。そうした場面で、「これからは、毎日がよい日」なんていうはずがない。「心を新たにしてがんばれ！いつやるか、今でしょ」と、はげましたとしか思えないのです。

こんな解釈はオマエの独断であり、こじつけだ。人生いろいろ、思いもいろいろなのだから、ひとつの禅語を自由に解釈していいではないか、という批判が聞こえてきます。確かに、いろいろな人生とさまざまな思いがあるのですが、あの時、雲門禅師がおっしゃった思いは、ひとつしかないはずです。「毎日がよい日」なんて言ってない。エッセイストの言葉を借りるならば、「今を生きろ」といっているのです。

ならば、今とは何なのだ。映画「日日是好日」の原作者はきちんとこたえてくれています。少し長いけれど引用します。

「私たちはいつでも、過去を悔やんだり、まだ来てもいない未来を思い悩んでいる。どんなに悩んだところで、所詮、過ぎ去ってしまった日々へ駆け戻ることも、未来に先まわりして準備することも決してできないのに。過去や未来を思う限り、安心して生きることはできない。道は一つしかない。今を味わうことだ」

これは、金剛経《こんごうきょう》の一節、「過去心不可得《かこしんふかとく》，現在心不可得《げんざいしんふかとく》，未来心不可得《みらいしんふかとく》」の森下典子氏による見事な現代語訳ですね。きちんと仏教を「お勉強」している。雲門禅師の語録だってちゃんと読んでいるにちがいない。なのに、エッセイの中に、雲門の名はでてこない。その深さと品のよさに、典子氏の表現を借りれば、「ザワザワと鳥肌が立つ」のです。

ところで、原作中で一つだけわからないフレーズがあります。文庫の最終部で、「人間はどんな日だって楽しむことができる」と書いている。そうなると月並みな「日日是好日」の解釈に近づいてしまう。「今を生きる」と突っぱっていたのが、何に迎合したのだろうか。

映画のラストシーンは、二〇一八年正月の初釜の風景が映し出されます。そのナレーションで、主演の黒木華が次のように語ります。

「世の中にはすぐにわかるものと、すぐにはわからないものの二種類がある」

さて、「日日是好日」の一語を我がものにするために半生をついやしたエッセイストのように、悠々と「少しずつじわじわとわかりだす」テーマを、私はもっているだろうか。

6 葬式坊主といわれるけれど

親も、友達も、みんな死んでゆきました。それくらいのこと、私にだって出来るでしょう

――田中澄江

日常の会話がおもしろい

つまるところ、小説より、映画より、テレビのお笑い番組よりも、身近な人が語る、日常の会話がおもしろい。おもしろいというには少し深刻で、微妙な会話をかわしました。

ある日の昼下がりでした。寺の近所に住む、もうすぐ九十歳になるであろう女性がたずねてきました。お檀家です。腰がまがって脚もよわくなったので、老人用のカートを押してやって

きました。玄関にはいると押してきたカートの小さな座席部分にチョコンとすわって近況を話してくれます。昨日まで、検査で入院していたという。老女は言いました。

「私が死んだ時、どこへ最初に電話すれば良いの！、お寺。それとも葬儀社」

この問いかけにこたえるためには、いくつか尋ねたいこともあるし、死をどこでむかえるかによっても状況は異なってきます。老人用カートにちょこんとすわった本人へ話すには、少し重い説明になってしまう。漫才のボケ役にも似た老女の問いかけには、意地悪くツッコンでみるのも許されるでしょうか。

「うーん、その時、お婆さんは自分では電話できないわけよ」

しばしの沈黙が、ただよいます。間があいて、とまどいの表情を見せながらつぶやきました。

「あら、そうね」

老女には年相応の娘と息子がいますから、「子どもさんたちとよく相談しておいて！」と伝え、お引き取りいただいたのです。

大多数の人の死が、日常生活から病室へ隔離され、目につかぬよう覆いかくされる現代だけど、それに反比例して死や死後について、あらかじめ自分できめておく。言ってみれば、「一人称の死」の時代になりつつあります。

筆者の近所に住むお年寄りのように、自分の死後どこへ最初に連絡したら良いかを心配して、決めておくのは「一人称の死」です。でも、一人で完結できないのが死です。二人称の「あなた」や、三人称の「誰か」に助けてもらわないと、死は完結できない。老女といっしょに、家族が来てくれたならば、具体的な話もできたでしょうか。実際、そうした相談のために寺へきてくれる家族もおられます。

生命は、本人だけでは始めることもできないし、終えることもできません。だから、仏教は「生老病死」といって、死ばかりか生まれることも、「苦」だというわけです。だれもが避けられない苦しみであり悲しみだというのに、死を語るのは以前と変わらず難しいのです。

葬儀は初動が大切だ

語るのが難しいからと、死を絵本にしたのが、ヨシタケシンスケ著『このあとどうしちゃおう』(ブロンズ新社)です。こんなストーリーです。

〈こないだ　おじいちゃんが　しんじゃった。おじいちゃんのへやを　みんなで　そうじしていたら　ベッドのしたから　ノートが　でてきた。「このあと　どうしちゃおう」と　かかれ

た　ノートには　おじいちゃんの　えと　もじで「じぶんが　しょうらい　しんだら　どうなりたいか　どうしてほしいか」が　いっぱいかいてあった〉

実際に読んでみないと、おもしろさと深さをはわからないのですが、いったいこの絵本の読者対象は誰なのか。

作者自身が「二十七歳で母を亡くした時、死について語り合う難しさを実感した」のが動機で、創作した絵本だというから、身近な人を直近で失った人には、最適な本です。

でも、ご高齢の方や病床にある人に、「これ、面白いよ」とすすめるのは、ちょっとと思う。

なぜなら、『このあとどうしちゃおう』の進行役である幼い孫は気づきます。

「おじいちゃんは　もしかしたら　ほんとは　すごく　さみしくて　すごく　しぬのがこわかったのかもしれない。だから　このノートを　かいたんじゃないだろうか　たのしいことをたくさん　かんがえて　しぬのがこわくなくなるように」。

いってみれば、これは「死の準備絵本」です。どんな準備にしても、心身ともに元気でなければできないから、読者は限られます。

あるいは、冒頭で紹介した壇家さんへ、この絵本をすすめたら、「わたしが心配しているのは、もっと現実的なことなの」、と言われてしまうかもしれません。現実に徹したハウ・ツーを望んでいるならば、斎藤美奈子著『冠婚葬祭のひみつ』（岩波新書）がおすすめでしょうか。

かつては児童書の編集者であり、現在は文芸評論家である著者の得意技は、「見て見ないふりをしていた（見えているのに見えなかった）ことがらを取りあげ、白日のもとにひきずりだし、そのメカニズムをてきぱきと解剖してしまう」ことだという。そんな著者だから、「自分の死後どこへ最初へ連絡したら良いか」もきちんと書いています。新書の後半部分に「葬儀は初動が大切だ」という一節があります。

要約すれば、「病院で亡くなった場合、病室か霊安室で搬送車の到着を待つことになる。ただし、ここが肝心、遺体の搬送を受け持った業者の多くは、そのまま葬儀も担当するつもりでいる。だから彼らは病院に営業活動を行うのである。そこで病院斡旋の葬儀社に搬送を依頼するならば搬送だけでいったんはお引き取り願う」、と。

さすが、斎藤氏の取材力に感服します。筆者は葬式坊主だから、この辺のひみつは知っています。でも、生と死の現場にいる人でも、案外と無関心なのです。

たとえば、筆者の知人の場合です。檀家さんではありません。知人は大病院に勤務する医師です。彼は自分が勤めるところとは異なる病院で、父親を看取りました。病院がすすめる業者に遺体の搬送を依頼し、葬儀のすべてをその業者にまかせました。

葬式坊主からいわせると、もっともしてはいけないパターンです。結果、葬儀後にいろいろな愚痴をこぼすことになります。そこで、病院と葬祭業者のからくりを話したら、医師は現状を知りませんでした。今度、自分の勤務する病院の実情を調べてみると言ったうえで、おっしゃいました。

「医師の仕事は死までだから死後はそっちで、もう少しきちんとやってよ」

なるほど、死の直後には、こっちでやるか、そっちでやるか、はっきりしない空白時間ができてしまいます。空白だから、だれでも侵入できる危うい時間です。あぶないから、筆者はご不幸の前に相談されたら、「葬儀は初動が大切だ」と、同じ様なアドバイスするのですが、たいせつな人を亡くし疲れて冷静さも欠き、寺へ連絡がはいるときは、あまり推奨できない葬儀社の手中にはまっている場合もあります。混乱のまっただなかにいる遺族に向かって、葬儀社の選択からひっくり返す勇気を、筆者はもっていません。

それにしても、多くの人が見ないようにしている大事なことを、照らし出してくれたのは、冒頭で紹介した近所のお婆さんの言葉でした。大事なことは、近くに在ると思いませんか。『孟子』には、「道はちかきに在り、しかるにこれを遠きに求む」という言葉があるのですから。

7「三」は安定信頼の数字だから

人間は、時として、充されるか充されないか、わからない欲望の為に、一生を捧げてしまふ。その愚を哂《わら》ふ者は、畢竟《ひっきょう》、人生に対する路傍の人に過ぎない

——芥川龍之介『芋粥』

三度の飯はいつからはじまったのか

桃栗三年に三三九度、三拝九拝して三人寄れば文殊の智慧などなど。三がつくことばには安定感があります。近ごろよく聞くことばに第三者委員会なんていうのもありますから、安定感に加えて信頼感までそなえているのが三という数字です。

だからでしょうか、一日の食事も三度です。と書いて、これはいけない。世の中にはいろい

ろな境遇に生きる人がいて、三度の食事をとれない人もいる。あるいは、病で食事が制限されていたり、反対に三度以上にわけて食事をしなければならない人もいる。「そんな人に、思いがよせられないのか」。そうしたお叱りをうけるから、「一日の食事も普通は三度です」と「普通」の二文字を書き加えましょうか。

いやいや、まだまた不十分です。なぜなら、日本では「こっそりと三度飯喰ふたいこもち」、なんていう川柳が文化文政（一八〇四～一八三〇）の頃によまれているらしいから、江戸時代後期になっても二食だったのか。そこで、「現代は、一日の食事も普通は三度です」、と三文字を加筆しなければならない。ひと言で簡単に言い切れないのが、食事の風景です。ならば、一日三食になる前は、朝、昼、夕のいつ食事をしたのでしょうか。

ご存じ、落語「目黒のさんま」は秋の一日、お殿さまが遠乗りにでかけた昼時に、農家からただよってくる「さんま」を焼くにおいに誘われたおはなしです。落語ですから、噺家の脚色もあるし、時代背景も判然としませんが、昼食のはなしです。

しかし、「おやつ」という言葉もあります。語源は八つ時、今の午後三時頃にたべた間食のことらしい。二食でお腹がすくから朝と夕の間にとった軽食だとすると、昼食はなかったのか。いつ頃から一日に三度の飯を食べるようになったのかは諸説あってよくわからない。いずれにしても、一日に二食だったのは宗教的タブーも影響しているけれど、みんなに三食を供給する国力がなかったというのも理由ではないでしょうか。経済力が上向いていくのがスローだったから、三食になるのに時間がかかったし地域差もあった。

それほど苦労して一日に三度の食事がいただけるようになったのに、「美容に良い！一日二食のすすめ」なんていうのがはやる今の日本です。「三」は信頼安定の数字なので、一日に一食や二食ではなくて、三食が人間の原理にかなっていると思うのは、筆者が大食漢だからでしょうか。

お釈迦さまもイエスさまも同じお粥を口にされていた

一日三食が人間の原理にかなっている、などと書いてしまいましたが、初期の仏教では、午前中にたべる一回の食事だけが正式でした。朝、托鉢していただいたものを午前中に食べきってしまうのです。この伝灯《でんとう》の一部が、現代日本の禅の僧堂に伝えられています。現代日本の禅の僧堂は一日三食です。朝食のことを粥座《しゅくざ》といい、昼食は斎座《さいざ》。斎座は初期仏教の規範を尊重して、正午までに済ませます。夕食は薬石《やくせき》です。薬石は字のごとく、食事ではなくて「薬」です。中国は元代に編集された禅僧の規範集『勅修百丈清規』には粥座、斎座、薬石のきまりごとが記されているから、一三〇〇年代の中国の禅寺ではすでに三食だったのだろうか。

あるいは、故人のために営む年忌法要がありますね。禅宗でいえば、年忌法要は亡き方へ斎座のお膳をお供えする儀式です。斎座だから、正午までに儀式を終えるのが正式です。

正式があれば、略式があるのは世の常です。仏教の初期でも略式の食事が、許されていたようです。ただし、略したり省いたりすると際限なく楽な方法を求めてしまう我われです。それを、防ぐために厳格なルールが定められました。律といいます。律によれば、午後に飲食できるのは、マンゴージュースなどのジュース類と乳製品、ごま油などの油類と蜂蜜など。そして、いわゆる漢方薬のようなものは、午後でも口にしてもよいという。

朝に、食べても良いのはお粥です。このお粥は飲めるような粥と律せられています。飲めるというのは、固形ではなくて液状だということです。芥川龍之介の小説「芋粥」にも、「芋粥を飽きる程飲んで見たい」という一節がありますし、禅の僧堂の粥座のお粥は別名「天井粥」とよばれます。お椀に注いだお粥に、天井が映るほど澄んださらさらの液体です。

よく知られていますが、粥と仏教の縁は深いのです。釈尊は二十九歳で出家して六年とも七年ともいわれる苦行を続けても、心の安寧をえられません。それまでの修行方法を捨てて山からおりてきた人里で、村の娘スジャータから乳粥を供養されました。山羊の乳で炊いたお粥を飲んで元気回復した釈尊は菩提樹の下で坐ること八日、お悟りをひらくのです。

釈尊の年齢や苦行の年数は諸説あるので、中村元著『ゴータマ・ブッダ釈尊伝』（法藏館）によりましたが、この乳粥がどんな食べ物だったのか。筆者は釈尊の故郷から遠く離れた、ユーラシア大陸の北西端で乳粥に出会った経験を思い出します。

ずいぶんと前になるけれど、ヨーロッパのキリスト教巡礼路を、禅の雲水姿で歩きました。巡礼路はヨーロッパを網の目のように張りめぐらされ、スペイン北西部の人口十万人ほどの町を目指します。町の名はサンチァゴ・デ・コンポステラ。イエス・キリストの十二使徒のひとりである、聖ヤコブの遺骸が眠る宗教都市です。目的は仏教とキリスト教は共生できるのではないか、という願望からです。

フランス国境に近い村から歩きはじめました。同行は曹洞宗の桐田直樹師。桐田師は前職が商社マンで、その前は青年海外協力隊員という経歴です。全行程で八百キロあまりですから、一日四十キロすすめば二十日ほどで到達する予定です。朝は夜明け前に出発して、午後の明るいうちに巡礼者専用の宿舎・レフーヒオ（refugio）にたどり着くのが毎日の旅程です。レフーヒオは教会に附属している場合もあるし、住民が運営していたり、公共のものもある。

旅も後半に近づいた頃、夕食をとるために町外れのレストランへはいりました。ペレグリーノ（巡礼者）コースを食べ終わって、おしまいにでてきたのがガラスの器に入った牛乳のデザートです。とろっとしたミルクに白い粒が浮いています。何だかわかりません。鼻を近づけるとシナモンの香りが流れます。スプーンですくって、口にいれてみます。浮いていた白い粒は米粒でした。同行の桐田さんと同時に同じことばを発しました。

「乳粥だ」

後日調べると、アロス・コン・レチェといって、米と牛乳を煮て砂糖とシナモンを加えたお菓子で、ヨーロッパ全域で親しまれているという。夢はめぐります。お釈迦さまもイエスさまも同じお粥を口にされていたのではないか。

その後一週間ほどで目的地に到着し、一回目のサンチァゴ巡礼は無事におわりました。第一回というからには第二回もあるわけです。雲水姿のスペイン遊行を聞きつけた日本の神父さまが、カトリック信者も加えてもう一度と、熱望されました。頼まれれば嫌とはいえない性格。三年後に二回目も歩いてしまったのです。で、三回目は、まだやっていません。冒頭で書いたように、「三」は安定信頼の数字だから、もう一回。と、痛む膝をストレッチしている今日このごろです。

8 浪を静むべし

また一つ誤植みつけぬみかん剥ぐ――久保田万太郎

誰だってまちがえる

坊主だから塔婆を書きます。そこで、古代インドはアショカ王までさかのぼってストゥーパの由来とか、あるいは謡曲の「卒塔婆小町」をひっぱりだして塔婆の功徳を説くかというと、そうしたことはすでにたくさんの調査研究著述があるからやりません。雑念妄想を振り払って塔婆書きに徹しても、誤った文字をスルッとかいてしまう、あのときの心境について書きます。と、書いてきてこの原稿をつづるのをいったん中断しました。翌日の年忌法要の塔婆を書

き忘れていたことに気がついたのです。

パソコンのキーボードを打つ手を、毛筆にもちなおして何も書いてない塔婆にむかいます。そうしたら、まちがえるはまちがえる。表面と裏面あわせて五十字ほどの漢字で、立て続けに二字もまちがえてしまった。誤字についての原稿をかいているからと、望んでまちがえたわけではなく、やはり気分がざわついているからまちがえるのでしょうね。ざわついた心とは、どんな状態なのか。中国は宋の時代・慈覚宗賾《じかくそうさく》禅師の『坐禅儀』におもしろい比喩があります。「珠《たま》を探るには宜《よろ》しく浪を静むべし、水を動ずれば取ること応《まさ》に難《かた》かるべし」

現代語訳を筑摩書房「禅の語録」シリーズ第十六巻、『信心銘・証道歌・十牛図・坐禅儀』から引いてみましょうか。

「水中に落ちた珠を探すには、まず浪を静かにすべきであって、水を動かしたのでは、珠を手に取ることはできない」

前述したように筆者が塔婆の字を書き損じたのも、パソコンのディスプレーから、材質もちがえばスピードも異なる木の塔婆へ、間をおかずに入っていったのが原因でしょうか。こういうことがないように、先人がたは静める間を作っていました。墨をすってから筆をもてば、単純な反復の動作と墨の香りで、気分が静まります。が、あまり内実を明かしたくないけれど、筆者は簡単便利な墨汁を使っているから、墨なんてすらない。結果、デジタル気分のまま超アナログな毛筆を手にしたので、いつもにも増してまちがえた。

ところで、書き損じた塔婆はどうするかというと、筆者の場合は、「塔婆文字削機」で誤字だけを消し去ります。「塔婆文字削機」は僧侶専用便利グッズで、電動ハンドミキサーを改良してミキサー部分にヤスリをつけた代物です。電気の力を借りてけずりとって再生完了です。

木製の塔婆だから、手荒い方法で修正できますが、紙となるとそうはいきません。と、考えるのは薄っぺらな洋紙しか知らない現代人の浅はかさ。わが国伝統の手すき和紙はぶ厚かったから、木のヘラや刀で表面をけずりとることができたらしい。そのようにして誤字を修正したひとりに、松尾芭蕉（一六四四～九四）がおられます。もっとも、誤字ではなく飽きることのない、推敲の痕跡のようですが、
芭蕉没後二五〇年がたった二十世紀末に『奥の細道』の自筆本がみつかります。芭蕉の自筆本は何冊かあって、書誌学的研究なんていうのは筆者の任ではないし、この原稿の目的でもありません。でも、清書のつもりで書いた自筆本に、木のヘラや刀で和紙をけずりとった「七十数か所に及ぶ紙訂正の跡」が残っている。そう聞くと、何を修正したのか興味がわきます。

貼り紙の下の文字をコンピューター・グラフィックスを使いこなして解読した結果は、上野洋三・櫻井武次郎編著『芭蕉自筆奥の細道』（岩波書店）に詳しいからそちらを見て！江戸時

代には想像だにしなかった道具で、隠した文字をあばきだすとは、芭蕉さんの心境や如何《いかん》。

修正の禁じ手と修正されない誤字

松尾芭蕉が、江戸・深川の庵から、「奥の細道」の旅に出たのは、元禄二年（一六八九）の春です。その頃、「奥の細道」とは真逆に、江戸から西へ向かう東海道十三番目の宿場・原宿（現在の静岡県沼津市原）に、五歳になる岩次郎と名づけられた子どもがいました。空に現れては消えていく雲に世間の無常を感じて泣くような多感な子だったという。後に臨済宗中興の祖とあおがれる白隠禅師（一六八五〜一七六八）の幼年時代です。

禅師は膨大な数の書画をのこしています。数多い書のいくつかに、なぞり書きの跡をみるのは書道家の高橋利郎氏です。なぞり書きとは、一度書いた文字の上をもういちどたどって、形を整えること。幼い頃、習字教室へかよった経験のある人ならば、「おなすりはダメ」と先生から叱られた記憶はないですか。あれですよ。現代の書道家は次のように記述しています。二〇一三年に東京渋谷・Ｂｕｎｋａｍｕｒａで開かれた「白隠展」の図録から引用します。

「白隠は額字などを揮毫するときに、しばしば籠字（筆者注＝輪郭だけをなぞった字）のような手法で収筆のバサッとした筆の乱れを滑らかに修正するように描きこんでしまう。（途中略）日ごろ、書に親しんでいる者にとってなぞり書きするこの手法にはかなり抵抗感がある。日本書道史を振り返ってみても、正面切ってこうした手法を用いた人物はまずいないだろう」

書道家ならではの発見ですが、同じ図録で美術史家の山下裕二氏は、「大雅、粛白、蘆雪、若冲といった、十八世紀京都画壇の画家たちが、その個性的な画風を開花させるにあたって、白隠の存在が一種の起爆剤となっていたのではないか」、と予見します。

伊藤若冲ら「奇想の系譜」のみなもとに白隠禅画があるわけです。その白隠は、書道界の禁じ手を使って字形を修正していた。そう知ると何やら愉快になってきませんか。

さて、修正するのを許してくれない誤字もあります。別項で、夏目漱石と多数の書簡をやりとりした二人の雲水（修行僧）のことを書きました。そうした書簡を『漱石全集』（岩波書店）でながめているうちに、文豪の誤字をみつけました。大正三年六月九日の消印で、神戸市祥福寺の雲水・鬼村元成宛のものです。鬼村は当時、胃病をわずらっていたので、漱石が「専問の医者にみてもらうふといゝ」と勧めます。おわかりでしょう。「専問」は誤字で正しくは「専門」です。印刷時に生じた誤植ではなく、原本にある誤字です。そんなことは全集の編集者もとっくにご存じで「問」の字はなおさずに、「問」の横に〔門〕と正字が挿入されているから、いっそう目立ちます。漱石著作の文芸作品だったら校正され、まちがいの跡は消し去るのでしょうが、書簡だから誤字も重要な資料としてのこされてしまう。これを見たら漱石の胃に、激痛がはしるにちがいありません。

文豪や俳聖の誤字誤植と、筆者の塔婆のまちがいを同等にしては叱られるけれど、みんなわかっちゃいるけれどスルッとまちがえてしまうのです。詩心のない筆者には、「スルッと」としか表現できない心境を、俳句にしたのは久保田万太郎（一八八九〜一九六三）です。

また一つ誤植みつけぬみかん剥ぐ

「熱海にて文藝春秋社忘年会の砌、志あるものうちよりて句会をひらく」と前書きのあるこの句は、『久保田万太郎全句集』（中央公論社）からの引用です。

昭和三十三年歳晩の一句ですから、みかんも今より甘くはなかったでしょう。酸っぱいみかんをもっと酸っぱくした誤植は自著にあったのか、他人の書籍なのか、気になるところですが、出版社の忘年会でよんだのはご愛敬。願わくは、筆者のこの草稿に誤字誤植のなきことを。

おわりに

わたくしの口癖なのでしょうか。本書のなかで、「正直に白状すれば」というフレーズが何回かでてきます。そこで、巻末でも正直に白状しましょうか。わたくしが、本を読むときの順番です。たいした読者家でもないやからが本の読み方など打ち明けても、何の益にもならないけれど、ほんの少しおつき合いを。

どこから読むかといえば、新刊書ならばまず表紙に付いている帯をみます。おそらく編集者がつけたであろうキャッチコピーが踊っているので、ぼんやりと全体をつかむ手がかりになります。でも、ときたま著者の気分とは違うのではないか!、と思うのにも出くわすから、帯はすんなりと切りあげて、「序」「はじめに」「プロローグ」といった前書きをながめます。

次に目次にすすんで、おもむろに本文に目をやるかというと、最終ページの「あとがき」、あるいは「解説」へ一気にとびます。最初と最後と見出しだけで、わかった気分になり読まない本もあるから、まことに著者や編集者には申しわけない。そんな我が非礼の因果か、わたくしと同様の読み方で、この「おわりに」へたどりついた読者もおられるでしょう。

世の中、読んだり目にいれておきたいものは浜の真砂のごとく尽きることはないから、「前書き」と「後書き」だけですませるのも仕方ない。けれど、人の一生と同じで誕生と終焉をぼんやりと見ただけでは、味気ない。

たとえば、本書のなかで、夏目漱石著『草枕』のヒロイン・那美を話題にしました。那美にはモデルとなった女性がいます。前田卓《つな》といいます。卓は熊本県の資産家に生まれますが、振幅の激しい生涯を送り、その墓所は故郷から遠く離れた埼玉県新座市の平林寺に今もあります。どうしてなのか。

文豪も小説のヒロインも、わたくしには縁遠い存在だと思っていたら、縁は異なもの泥沼のようなもの。踏み入れば踏み入るごとに近くなり、何かが見つかる近代の禅の群像は、「はじめに」と「おわりに」をながめただけではわからないから、本文（72ページ）を読んでいただくとして、奇妙な縁はまだまだ続きます。

『草枕』は最初、雑誌『新小説』に発表されます。明治三十九年九月だという。『新小説』を発行していたのは神田にある春陽堂という書店。その伝統ある出版社が、わたくしの原稿を出版してくださることになったのだから、不思議な巡りあわせです。

実を言うと、この一冊はだいぶ道草をして、お手もとに届いています。これまた、正直に白状すれば、当初の予定では、春陽堂とは異なる出版社から平成二十九年暮れには上梓の予定でした。初稿をまとめ終わった頃、信頼にそむく友人の行為によって、編集作業が頓挫してしまいます。

行き先を見失った、迷子のような原稿を抱えていたとき、元気がでる言葉を送ってくれたのは、マドリット在住で翻訳家の木村裕美さんでした。木村さんは、わたくしが二十世紀末にヨーロッパのキリスト教巡礼路を雲水姿で歩いて以来の知己です。女史のメールには、こう記されていました。

「本は熟成ワインのごとし、時間をかける分、良いものができるのも事実です」。

その後、連載していた月刊誌が休刊し、もはや腐った文章なのか、それとも呑み頃に熟したのか、判別できなくなっていたわたくしに、明確な行き先をプロデュースしてくれたのは、イラスト・レーターの川口澄子さんです。川口さんの言葉も、じーんときます。

「妥協せず、卑下せず、堂々とお待ちくださいませ」。

励ましの声を送りながら、原稿を持ち込んでくれた相手は、フリーランスの編集者、岡崎智恵子さん。岡崎さんとわたくしは、出版とは関係がないところで、過去に面識がありました。が、紹介者の川口さんは、つゆ知らず。縁なんてものは奇怪です。

そして、道草をしたこの原稿を、「腐ってないよ、呑めるよ！」と、ラベルを貼って蔵出ししてくれたのが、春陽堂書店編集部の永安浩美部長です。ちっぽけな寺の無名な住職の文章を書籍にする、静かな覚悟に敬服いたします。

それにしても、飽きっぽい上に、自らを売り込むなんて苦手な仏僧が、紙に文字を印刷して製本する出版にこだわり続けられたのは、「あの連載、一冊にまとまらないのか？」。そんな声を会うたびにかけてくれた、同行《どうぎょう》の先輩がたと友人の存在があります。

仏教界に残っている不愉快な体質、それはわたくし自身の体臭でもありますが、そうしたものへの嫌悪感や背信行為へのいきどおりを超えて、同行《どうあん》の言葉が身にしみました。立ち往生しても、めげずに目的地へ歩ませてくれたのは、おのれの冷たい思いではなく、他者からのぬくい言葉でした。また、季節の節目に、望まなくても送られてくる寺からの便りを、楽しく読んでくれる檀信徒がいることもはげみになりました。

おわりにも一つ正直に白状すれば、わたくしには、多くの人からこれほど助けてもらえるような人徳などありません。苦しんでいる人がたたずんでいても、見ないふりをしてその場から逃げてしまう薄情者です。なのに、今回のご恩にどう報いればよいのだろうか。困った。

令和三年六月　記

参考文献

第一章「行く」

芳澤勝弘訳注・白隠禅師法語全集第二冊『於仁安佐美』（禅文化研究所）／筑摩書房・禅の語録15『雪竇頌古』／白川静著『字統』（平凡社）／森本公誠著『善財童子求道の旅』（朝日新聞社）／『浜田広介全集第1巻』（集英社）／『鈴木大拙全集増補新版第26巻』（岩波書店）／中村元訳『尼僧の告白（テーリーガーター）』（岩波文庫）／金子みすゞ童謡集『わたしと小鳥とすずと』（JULA出版局）／矢崎節夫監修『没後八〇年金子みすゞ』（JULA出版局）／栗原敦監修『屋根の上が好きな兄と私・宮沢賢治妹・岩田シゲ回想録』（蒼丘書林）／門井慶喜著『銀河鉄道の父』（講談社）／鍋島直樹著『雨ニモマケズのこころ』（『在家佛教・二〇一七年一月号』在家仏教協会）／筑摩書房・禅の語録16『信心銘・証道歌・十牛図・坐禅儀』／『斎藤茂吉選集・第4巻』（岩波書店）／北杜夫著『茂吉彷徨』（岩波現代文庫）／きたやまおさむ著『コブのない駱駝』（岩波書店）／沖本克己著『趙州録』（臨川書店）／石垣りん著『レモンとねずみ』（童話屋）／『須賀敦子全集・第1巻』（河出文庫）／近藤麻理恵著『片づけの魔法』（サンマーク出版刊）／『中国古典文学大系４（老子・荘子・列子・孫子・呉子）』（平凡社）／中村元著『広説佛教語大辞典』（東京書籍）／『国訳一切経・和漢撰述部66「興禅護国論」』（大東出版社）／川上孤山著・荻須純道補述『増補・妙心寺史』（思文閣）／柳田聖山著『禅語の四季』（淡交社）／奈良康明編著『仏教名言辞典』（東京書籍）／日本思想大系『道元』（岩波書店）／安永祖堂・松田隆行編『三国伝来仏の教えを味わう』（臨川選書）／舘隆志著『鎌倉期の禅林における中国語と日本語』（駒沢大学仏教学部論集・第45号・平成26年10月）／中村璋八訳『典座教訓・赴粥飯法』（講談社学術文庫）／『禅文化・２４６号（２０１７年10月）』（禅文化研究所）／山田風太郎著『人間臨終図鑑・下巻』（徳間書店）／中川八郎編著『作家の墓・下巻』（一穂社）／小林秀雄著『本居宣長』（新潮文庫）／松永安左ェ門著『松永安左ェ門自伝・電力の鬼』（毎日ワンズ）／白崎秀雄著『耳庵松永安左ェ門・上巻／下巻』（新潮社）／橘川武郎著『生きているうち鬼と

いわれても・松永安左エ門』（ミネルヴァ書房）／佐高信著『電力と国家』（集英社新書）／大下英治著『松永安左エ門伝・電力こそ国の命』（日本電気協会新聞部）／逸翁美術館・福岡市美術館編『茶の湯交遊録』（思文閣）／小田原市郷土文化館編『松永耳庵と老欅荘』（小田原市郷土文化館）／『芸術新潮・二〇〇二年二月号・特集松永耳庵荒ぶる侘び』（新潮社）／水木楊著『爽やかなる熱情』（日経ビジネス人文庫）／望月信亨著『望月佛教大辞典』（世界聖典刊行協會）／禅学大辞典編纂所『禅学大辞典』（大修館書店）／沖本克己著『沖本克己仏教学論集・第三巻』（山喜房）／平野啓一郎著『マチネの終わりに』（毎日新聞出版）／共同訳聖書実行委員会『聖書・新共同訳』（日本聖書協会）／井上洋治著『福音書をよむ旅』（ＮＨＫ出版）／陸川堆雲著『白隠和尚詳傳』（山喜房）／増谷文雄著『仏教とキリスト教の比較研究』（筑摩書房）／中村元著『現代語訳大乗仏典２・法華経』（東京書籍）

第二章「坐る」

『八木重吉全詩集１』（ちくま文庫）／谷川俊太郎著『日々の地図』集英社／『日本国語大辞典』（小学館）／『新編山頭火全集・第一巻』（春陽堂書店）／舘隆志著『坐禅の変遷を考える』（中外日報／平成二九年六月十六日付）／舘隆志著『文献にみる坐禅の変遷』（『禅文化２４７号（２０１８年１月）』禅文化研究所）／舘隆志著『江戸期の禅林における面壁坐禅』（『曹洞宗総合研究センター学術大会紀要（第十四回・二〇一三年六月）』）／山田無文著『手をあわせる』（春秋社）／臨済会編『禅僧伝』（春秋社）／鈴木大拙著『禅堂生活』（岩波文庫）／『鈴木大拙全集・第三十巻』（岩波書店）／下川芳太郎著『居士禅』（非売品）／前田利鎌著『宗教的人間』（岩波書店）／前田利鎌著『臨済・荘子』（岩波文庫）／安住恭子著『草枕の那美と辛亥革命』（白水社）／荻須純道著『日本中世禅宗史』（木耳社）／村井章介著『東アジア往還』（朝日新聞社）／西村惠信訳注『無門関』（岩波文庫）／正岡子規『病牀六尺』（岩波文庫）／司馬遼太郎著『坂の上の雲（三）』（文春文庫）／請川利夫・野末明著『高村光太郎のパリ・ロンドン』（新典社）／角田敏郎著『高村光太郎と禅宗無門関』（北海道教育大学函館人文学会「人文論

究２４号」）／日本思想大系16『中世禅家の思想』（岩波書店）／藤田琢司著『江戸時代における栄西研究』（『禅文化２３２号（２０１４年４月）』禅文化研究所）／橋本治『絵本徒然草』（河出書房新社）／川瀬一馬校注『徒然草』（講談社文庫）／能仁晃道著『清規から見た喫茶去』（『禅文化１６７号（１９９８年１月）』禅文化研究所）／筑摩書房・禅の語録19『禅関策進』／『盤珪禅師逸話選』（禅文化研究所）／岡雅彦著『一休ばなし―とんち小僧の来歴』（平凡社）／三瓶達司編『一休ばなし集成』（禅文化研究所）／特別展「一休―とんち小僧の正体」図録（五島美術館）／松枝茂夫編訳『中国古典文学大系59・歴代笑話選』（平凡社）／鈴木靖著『敦煌写本啓顔録について』（能学研究紀要・法政大学能学研究所）／伊藤古鑑著『禅宗聖典講義』（復刻再版・臨済宗青年僧の会）／永六輔著『終りのない旅』（中公文庫）／久保醇著『鍵を求めて異文化を探る』（『禅文化１２３号（１９８７年１月）』禅文化研究所）／釈徹宗・秋田光彦共著『仏教シネマ』（文春文庫）／井上順孝編『映画で学ぶ現代宗教』（弘文社）／『夏目漱石全集10（ちくま文庫）／「特集・釈宗演老師壱百年遠諱」（『禅文化２５０号（２０１８年１０月）』禅文化研究所）／小川隆著『漱石の公案』（『図書８４２号（２０１９年２月）』岩波書店）

第三章「語る」

『小西松柏翁追想』（武田薬品）／山田邦男編『森本省念老師〈上語録編〉』（一燈園燈影舎）／杉山二郎著『山紫水明綺譚』（富山房インターナショナル）／水上勉著『土を喰ふ日々』（文化出版局）／『東洋英和女学院中等部スーパー過去問』（声の教育社）／桜井景雄著『禅宗文化史の研究』（思文閣出版）／熊倉功夫著『後水尾天皇』（中公文庫）／門脇むつみ著『巨匠狩野探幽の誕生』（朝日新聞出版）／司馬遼太郎著『濃尾参州記』（朝日新聞出版）／『桂離宮・修学院離宮』（京都新聞出版センター）／鳥飼玖美子著『歴史をかえた誤訳』（新潮文庫）／太宰治著『斜陽』（新潮文庫）／大崎善生著『聖の青春』（講談社）／J・D・サリンジャー原作・村上春樹訳『フラニーとズーイ』（新潮文庫）／伊藤比呂美著『読み解き般若心経』（朝日文庫）／唐木順三著『無常』（筑摩叢書）／『定本・漱石全集』（岩波書店）／加藤正俊著『漱石の書簡』（『禅文化１９１号（２００４年１月）』〜

『禅文化１９５号（２００５年１月）』禅文化研究所）／夏目鏡子述・松岡譲筆録『漱石の思い出』（文春文庫）／村岡花子訳『赤毛のアン』（新潮文庫）／村岡花子著『腹心の友たちへ』（河出書房新社）／常盤大定編『佛教要典』（本の友社）／玉置辨吉編著『回想山本玄峰』（春秋社）／高木蒼悟著『玄峰老師』（大藏出版）／田中清玄・大須賀端夫著『田中清玄自伝』（ちくま文庫）／白川静著『桂東雑記Ⅰ』（平凡社）／冷泉貴実子著『冷泉家歌ごよみ』（京都新聞出版センター）／中西進著『文学の胎盤』（ウェッジ）／坪内稔典著『俳人漱石』（岩波新書）／『司馬遼太郎全講演４』（朝日文庫）／高橋勇音著『凡僧日記』（河出書房新社）／『日本史年表』（岩波書店）／若竹千佐子著『おらおらでひとりいぐも』（河出書房新社）／『鳩居堂の日本のしきたり豆知識』（マガジンハウス）／斎藤美奈子著『冠婚葬祭のひみつ』（岩波新書）／『三越伊勢丹の最新儀式１１０番』（誠文堂新光社）／『国訳一切経和漢先述部諸宗部九「勅修百丈大清規」』（大東出版社）／水谷真成訳『大唐西域記』（平凡社・中国古典文学大系22）／鈴木肇著『悠々シルクロード』（集英社）

第四章「黙る」

水上勉著『一日暮し』（角川書店）／ミヒャエル・エンデ著・大島かおり訳『モモ』（岩波少年文庫）／柳田聖山著『禅の時代』（筑摩書房）／伊集院静著『ノボさん』（講談社文庫）／加地伸行著『漢文法基礎』（講談社学術文庫）／妙心寺遠諱局編『関山慧玄禅師伝』（春秋社）／平野宗浄著『大燈禅の研究』（教育新潮社）／永田和宏著『百万遍界隈』（青磁社）／レオ・バスカーリア作・みらいなな訳『葉っぱのフレディー』（童話屋）／大久保康雄訳『O・ヘンリー短編集』（新潮文庫）／柳田聖山著『一休』（人文書院）／『鈴木大拙全集・増補新版第二十六巻』（岩波書店）／芥川龍之介著『蜘蛛の糸・杜子春』（新潮文庫）／エスピノーサ原作・三原幸久編訳『スペイン民話集』（岩波文庫）／ドストエフスキー作・原卓也訳『カラマーゾフの兄弟』〈新潮文庫〉／『トム・リン監督インタビュー』（『キネマ旬報１７４０号（２０１７年３月）』キネマ旬報社）／瀬田勝哉編『変貌する北野天満宮』（平凡社）／馬場久幸著『北野社一切経の底本とその伝来についての考察』（佛教大学総合研究紀要）／深澤光佐子著『明

治天皇が最も頼りにした山階宮晃親王』（宮帯出版社）／山階会編『山階宮三代』（山階会）／『月刊大法輪（平成二十四年十二月号）』（大法輪閣）／立花隆著『青春漂流』（講談社文庫）／坪内稔典著『四季の名言』（平凡社新書）／魯迅著・竹内好訳『阿Ｑ正伝・狂人日記』（岩波文庫）／大島博光訳『マチャード／アルベルティー詩集』（土曜美術社出版販売）／『高村光太郎全集・第十九巻』（筑摩書房）／寺山修司著『競馬への望郷』（角川文庫）／白川静著『常用字解』（平凡社）／写真集『埼玉の昭和』（埼玉新聞社）／『佐藤虹二の写真』（私家版）

第五章「悠々と」

鈴木大拙編校『盤珪禅師語録』（岩波文庫）／酒井紀美著『夢の日本史』（勉誠出版）／麻生路郎著『麻生路郎読本』（川柳塔社）／斉藤茂太著『豆腐の如く』（佼成出版社）／清水建宇（朝日新聞夕刊「素粒子」平成3年6月19日）／梅原諦愚著『暮らしに生かす禅の智恵』（三笠書房）／田中優子著『江戸っ子はなぜ宵越しの銭を持たないのか？』（小学館新書）／『円朝全集・別巻1』（岩波書店）／飯島友治編『古典落語』（ちくま文庫）／西村惠信著『禅林象器箋抄訳』（禅文化研究所）／西山松之助編『江戸町人の研究・第6巻』（吉川弘文館）／木原武一監修『まことに残念ですが』（徳間書店）／森下典子著『日日是好日』（新潮文庫）／上田紀行著『死と向き合う』（日経新聞令和2年8月12日付朝刊）／ヨシタケシンスケ著『このあとどうしちゃおう』（ブロンズ新社）／斎藤美奈子著『文章読本さん江』（ちくま文庫）／永田久著『暦と占いの科学』（新潮選書）／玉城司訳注『一茶句集』（角川ソフィア文庫）／花園大学文学部・監修『仏の教えを味わう』（臨川選書）／芥川龍之介著『芋粥』（青空文庫）／中村元著『ゴータマ・ブッダ釈尊伝』（法藏館）／セサール・フラガ著『フラガ神父の料理帳』（文化出版局）／上野洋三・櫻井武次郎編著『芭蕉自筆奥の細道』（岩波書店）／芳澤勝弘編著『新編白隠禅師年譜』（禅文化研究所）／『禅画に込めたメッセイジ・白隠展』（Ｂｕｎｋａｍｕｒａ）／辻惟雄『奇想の系譜』（ちくま学芸文庫）／『久保田万太郎全句集』（中央公論社）

おうちで禅《ぜん》

二〇二一年　七月一五日　初版第一刷　発行

著　者　花岡博芳
発行者　伊藤良則
発行所　株式会社 春陽堂書店
〒104-0061
東京都中央区銀座3-10-9 KEC銀座ビル
電話 03-6264-0855（代）

印刷・製本　ラン印刷社

ISBN978-4-394-90403-8 C0095